D1671372

BUNTE HÄNDE

Thomas Brezina:
Bunte Hände

Alle Rechte vorbehalten

© 2022 Joppy Verlag, Wien
www.joppy-verlag.at

Lektorat:
Maximilian Hauptmann

Cover, Satz & Illustrationen:
Anna-Mariya Rakhmankina

Gesetzt in der Premiera
Gedruckt in Europa

1   2   3   4   5   —   25   24   23   22

ISBN: 978-3-99001-624-4

THOMAS BREZINA

BUNTE HÄNDE

GESCHICHTEN ÜBER DAS ZUSAMMENFINDEN

Mit Illustrationen von
Anna-Mariya Rakhmankina

VORWORT

Menschen lieben Geschichten. Sie erklären uns die Welt und auch, wer wir sind und wie wir uns selbst und die anderen verstehen können.

Die Geschichten, die Thomas Brezina in diesem Buch erzählt, sind sehr aktuell, es sind also Geschichten, die das Leben von vielen betreffen. Das macht sie so spannend. Sie führen einem vor Augen, dass wir alle, egal welche Hautfarbe, Religion oder Kultur wir haben, dieselben Bedürfnisse und auch Ängste miteinander teilen.

Beim Lesen ist zu spüren, wie es den anderen, fremden und neu dazugekommenen Kindern in einer Klasse, die unsere Sprache noch kaum beherrschen, ergeht. Damit kann alles viel einfacher werden, das Fremde wird plötzlich nicht mehr bedrohlich oder feindselig wirken oder verwirren.

Die Erfahrung, sich anzufreunden, Vertrauen zueinander zu haben, schützt davor, Menschen, die uns gegen andere aufwiegeln wollen, auf den Leim zu gehen. So können alle, egal, wo sie ursprünglich geboren sind, gemeinsam daran arbeiten, dass Friede und wirkliche Gerechtigkeit auf dieser Erde herrschen.

Prof. Dr. Martina
Leibovici-Mühlberger

Prof. Dr. Martina Leibovici-Mühlberger ist Psychotherapeutin, Ärztin für Psychosomatik und Gründerin der ARGE Erziehungsberatungs und Fortbildungs GmbH.

Vielen Dank

an Maria Lodjn
und Omar Khir Alanam,
die mich mit ihrer Erfahrung aus
Schule und Leben beim Schreiben
unterstützt haben

INHALT

Bunte Hände

8

Das Kochfest

38

Die Prinzessin & der Saurier

60

Im Turnsaal steht
ein Rätseltor

104

BUNTE HÄNDE

Clemens war aufgeregt. Immer wieder wischte er seine Handflächen an den Hosenbeinen ab. Er wollte keinen Fehler machen, denn sonst durfte er beim Musikwettbewerb vielleicht nicht das Solo auf der Gitarre spielen. Er sah, wie seine Schwester Annabell ihre Hände ausschüttelte. Gemeinsam mit ihrem Bruder begleitete sie den Chor, Clemens mit seiner Gitarre und Annabell auf dem Klavier.

Frau Lydmann hatte sich für den Wettbewerb etwas Besonderes einfallen lassen: Der Chor der Schule würde ein Lied singen, das die Musiklehrerin selbst komponiert und geschrieben hatte. Der Titel lautete:

Text und Musik
Fr. Lydmann

WIR SIND KINDER

Heute fand eine Probe im Festsaal statt. Frau Lydmann klatschte in die Hände, damit alle auf der Bühne Aufstellung nahmen. Sie hob die Arme in die Luft und gab das Zeichen zum Einsatz. Annabell schlug in die Tasten, Clemens strich über die Saiten seiner Gitarre und der Chor begann zu singen. An diesem Montag klang das Lied schrecklich falsch.

Clemens griff auf der Gitarre zweimal daneben und Annabell blieb beim Klavierspielen mehrere Male hängen. Als das Lied zu Ende war, seufzte die Musiklehrerin tief, schimpfte aber nicht.

„Kinder, wir müssen den Musikwettbewerb am Samstag nicht gewinnen. Dabeisein ist alles. Aber ihr alle könnt mehr, als ihr heute gebt." Leon, der in der hinteren Reihe stand, brummte vor sich hin.

„Was hast du gesagt?", wollte Frau Lydmann wissen.

Leise sagte Leon: „Wir sind Kinder' ist langweilig."

„Findet ihr wirklich?" Die Lehrerin klang nicht beleidigt, sondern traurig. „Ich dachte, mein Lied würde euch Spaß machen."

„Die Melodie ist gut", sagte Clemens. Die anderen stimmten zu.

„Mögt ihr den Text nicht?", wollte Frau Lydmann wissen.

Alle drückten verlegen herum. Die Musiklehrerin spielte mit ihrer orangerot gefärbten Haarsträhne. Nachdenklich sprach sie die Zeilen des Liedes laut vor sich her:

> Wir sind Kinder,
> wir sind fröhlich.
> Wir sind Kinder,
> nah und fern.
> Komm, wir spielen,
> das ist schön,
> denn wir Kinder
> lachen gern.

„Ich habe leider keine andere Idee, was wir singen könnten", gestand Frau Lydmann.

„Wenn euch etwas einfällt, lasst es mich bitte wissen. Wir haben noch vier Tage bis zu unserem Auftritt beim Musikwettbewerb."

Die Probe ging weiter. Das Singen klappte besser, Clemens und Annabell machten fast keine Fehler mehr auf ihren Instrumenten. Bevor alle nach Hause gingen, fiel Frau Lydmann noch etwas ein. „Ich finde, wir brauchen einen Namen für unseren Chor. Nur ‚Schulchor' ist ..."

LANGWEILIG!, riefen die Kinder.

„Am Samstag werden neun andere Chöre aus anderen Schulen hier singen. Wie sollen wir uns nennen?" Die Musiklehrerin blickte fragend in die Gesichter ihrer Schüler.

„Die quietschenden Türen", schlug Leon vor. Einige Kinder kicherten.

„Oder die heulenden Wölfe", rief Viktoria.

Frau Lydmann schüttelte den Kopf und lachte. „Denkt bitte auch darüber nach. Am Mittwoch findet unsere nächste Probe statt."

Clemens und Annabell gingen beide in dieselbe Klasse. Sie waren Zwillinge. Annabell war um eine Minute älter als ihr Bruder, was sie ihm oft unter die Nase rieb.

Seit letzter Woche gab es noch ein anderes Zwillingspaar in ihrer Klasse. Die Geschwister hießen Anastasia und Nazar. Sie waren nicht nur neu an der Schule, sondern erst vor Kurzem nach Österreich gekommen.

Die Schuldirektorin hatte vor ihrer Ankunft den Kindern einiges erzählt. Die Zwillinge waren mit ihrer Mutter aus ihrem Heimatland geflohen, weil dort Krieg ausgebrochen war. Sie hatten miterlebt, wie Bomben gefallen und explodiert waren. Ihre Wohnung war erschüttert worden, wie bei einem Erdbeben.

Der Feuerschein von brennenden Gebäuden war durch die Fenster gefallen und hatte die Zimmer in bedrohliches Rot getaucht. Der Vater hatte seine Familie bis zur Landesgrenze gebracht, damit sie in ein anderes Land fliehen konnten, wo sie sicherer waren. Er selbst kam nicht mit, weil er sich um seine eigene Mutter, die Großmutter von Anastasia und Nazar, kümmern wollte.

Nazar und Anastasia waren mit ihrer Mutter nach Österreich gelangt und bei der Schulärztin untergekommen, die allein in einem Haus wohnte und genug Platz hatte. Auch sie sprach zur Klasse und bat alle, besonders freundlich zu Anastasia und Nazar zu sein. Die beiden hatten viel durchgemacht und sprachen noch kein Deutsch.

Die Schülerinnen und Schüler hatten sich alle auf die Ankunft der neuen Zwillinge gefreut. Sie malten ein Willkommensbild auf die Tafel und bereiteten eine gemeinsame Jause vor. Ein Lied wurde für Nazar und Anastasia gesungen und sie bekamen die Plätze neben Clemens und Annabell.

Die beiden Neuen schienen von dem Empfang wenig beeindruckt. Sie lächelten nicht, sie lachten nie und sie redeten nur in ihrer Sprache. Bald sollte eine zweite Lehrerin kommen, die Nazars und Anastasias Sprache beherrschte.

In jeder Pause blieben Anastasia und ihr Bruder auf ihren Plätzen sitzen. Sie hatten ständig die Köpfe zusammengesteckt und tuschelten. Andere Kinder aus der Klasse boten ihnen Obst und Schokoriegel an, aber die beiden schüttelten immer nur stumm den Kopf.

Annabell hörte, wie sich ein anderes Mädchen über Anastasia lustig machte, weil sie immer einen kleinen Kuschelkoala in der Jackentasche mit sich trug.

Nazar saß in der Bank und pfiff manchmal leise vor sich hin. Es klang fast wie Vogelgezwitscher.

„Bei dem piept es", spotteten einige der anderen Schülerinnen und Schüler.

Clemens und Annabell hatten alles versucht, um sich mit den Zwillingen anzufreunden. Irgendwann gaben sie auf.

Am Mittwoch rief die Klassenlehrerin Annabell und Clemens zu sich. Auf dem Gang stand die Schulärztin mit einer Frau, die eine große Handtasche gegen die Brust gedrückt hielt.

„Das ist die Mutter von Anastasia und Nazar", sagte die Schulärztin. „Sie spricht Englisch und hat uns erzählt, dass die beiden in ihrer letzten Schule gerne gesungen haben."
Die Klassenlehrerin fuhr fort. „Vielleicht macht es den beiden Freude, im Chor mitzusingen. Bitte nehmt sie heute zur Probe mit."

Die Mutter ging in die Klasse zu Anastasia und Nazar, um mit ihnen zu sprechen. Widerwillig folgten die zwei Clemens und Annabell zum Festsaal. Dort setzten sie sich in die hinterste Reihe und verschränkten die Arme vor der Brust. Frau Lydmann probierte, sie zum Mitsingen zu bewegen, aber ohne Erfolg.

„Die beiden verstehen nicht, was wir singen", erklärte die Musiklehrerin leise. „Uns würde es nicht anders gehen, wenn wir in ihrer Heimat in die Schule gehen müssten."

Das leuchtete allen ein.

Niemand aber wusste, wie sie helfen konnten. Die Probe verlief nicht schlecht. Frau Lydmann war zufrieden. „Bitte vergesst nicht, für den Samstag viele Leute einzuladen. Der Festsaal soll voll sein. Der Wettbewerb braucht Publikum."

Leon raunte den anderen zu: „Dann sehen doch nur alle, wie wir verlieren."

Die Musiklehrerin hatte ihn gehört. „Wir werden unser Allerbestes geben, Leon. Das ist das Wichtigste." Für die Kinder klang es nicht sehr überzeugend.

Auf dem Weg zum Schultor gingen Anastasia und ihr Bruder hinter den Zwillingen. Clemens hörte Nazar leise die Melodie des Liedes pfeifen. Er hatte sie sich genau gemerkt.

„Das klingt gut", sagte Clemens zu Nazar und streckte den Daumen in die Höhe. Sofort hörte Nazar mit dem Pfeifen auf.

Am Donnerstag standen Malen und Zeichnen auf dem Stundenplan. Aus einem Schrank wurden kleine Kübel mit Farbe geholt. Die Klassenlehrerin befestigte große Papierbögen an den Wänden. Einige legte sie auf den Boden. In hohen Behältern standen viele Pinsel mit unterschiedlichen Stärken. Zwei Pinsel streckte die Lehrerin Nazar und Anastasia hin. „Kommt, malt mit. Wir malen gemeinsam ein Bild."

Die Zwillinge sahen die Pinsel an, als könnten diese lebendig werden und beißen. Da sie nicht danach griffen, drückte sie ihnen die Lehrerin in die Hand.

„Die sind so fad",
brummte ein Schüler.

„Bestimmt können sie nicht malen",
raunte jemand anderer.

Nazar und Anastasia legten die Pinsel auf den Tisch. Die Klassenlehrerin seufzte und schüttelte ratlos den Kopf.

„Dürfen wir anfangen?", fragte Annabell. Sie liebte Malen.

„Warte noch, ich möchte Anastasia und Nazar überzeugen, dass sie mitmachen", sagte die Klassenlehrerin. Erfolg hatte sie aber keinen.

Annabell wurde zornig. „Macht doch mit", rief sie und tauchte ihren Pinsel tief in den Kübel mit grüner Farbe.

Sie trat vor die beiden Neuen und streckte ihnen den Pinsel hin. Farbe tropfte auf den Boden. Weil keiner der zwei reagierte, tippte sie mit der Pinselspitze auf Anastasias Finger. Das Mädchen sah sie erschrocken an und hob abwehrend die Hand. Annabell malte ihr die Handfläche grün an.

Ein paar andere zogen erschrocken die Luft ein. Die Klassenlehrerin öffnete den Mund. Würde sie schimpfen?

Anastasia starrte auf die grüne Hand und drehte sie ratlos vor ihrem Gesicht hin und her.

„Annabell", begann die Klassenlehrerin.

„Wieso hast du das gemacht?",
flüsterte Clemens seiner Schwester zu.

„Annabell, das ist eine
ausgezeichnete
Idee", lobte die Klassenlehrerin.

Alle horchten überrascht auf.

„Wir machen gemeinsam ein Bild mit unseren Händen", erklärte die Lehrerin. „Jeder wählt eine andere Farbe, malt seine Hand an und drückt sie auf das Papier. Anastasia macht den Anfang."

Anastasia verstand natürlich nicht, was die Lehrerin meinte.

„So geht das", sagte Annabell und malte ihre eigene Hand an. Sie trat neben Anastasia und nahm sie mit der sauberen Hand am Ärmel. Anastasia sträubte sich zuerst. Annabell lächelte sie an.

„Ich tu dir nichts. Schau!" Sie schob Anastasia sanft zum Papier auf dem Boden und kniete sich neben sie. Nachdem Annabell ihre Hand abgedrückt hatte, zog sie Anastasias Hand herunter und setzte sie daneben.

Zwei grüne Hände prangten auf dem großen Papierbogen. Sie sahen einander sehr ähnlich, fand Annabell. Als sie zu Anastasia blickte, sah sie das Mädchen zum ersten Mal lächeln. Annabell tauchte den Pinsel erneut ein und bot ihr gelbe Farbe an.

Anastasia rief ihrem Bruder etwas zu. Nazar stand langsam auf und trat zu ihr. Anastasia malte seine Hand orangefarben an. Der Abdruck kam gleich neben den seiner Schwester.

Nun strichen alle ihre Hände an und drückten Abdruck nach Abdruck auf das Papier. Annabell und Anastasia klatschten die Hände zusammen, die verschiedene Farben trugen. Der Abdruck wurde besonders bunt. Andere folgten diesem Beispiel. Clemens malte Nazar sogar jeden Finger in einer anderen Farbe an.

In dieser Stunde wurde viel gelacht und es wurde ziemlich laut in der Klasse. Als die Tür geöffnet wurde und die Direktorin eintrat, verstummten alle.

Die Klassenlehrerin erklärte, was sie gerade machten, und zeigte auf das riesige Bild an den Wänden und auf dem Boden. Es war voll mit Handabdrücken in vielen verschiedenen Farben.

„Ihr seid mir eine Bunte-Hände-Bande", sagte die Direktorin schmunzelnd. Ihr gefiel das Bild. „Bitte seid vorsichtig, wenn ihr euch auf der Toilette die Hände abwascht. Sonst wird es unserem Schulwart zu bunt."

Freitagmorgen waren die Bilder getrocknet. Die Klassenlehrerin nahm sie ab und legte sie übereinander. Als die Mädchen und Buben in die Klasse kamen, wollten alle die Teile sehen, auf denen sie ihre Hände abgedruckt hatten. Die Lehrerin legte die Bögen wieder aus. Ein großes Raten begann, weil in dem Gewirr der vielen bunten Hände niemand mehr genau wusste, welche Abdrücke wem gehörten.

„Viele bunte Hände, die zusammen wunderbare Bilder ergeben", stellte die Klassenlehrerin fest. „Die Handabdrücke von Anastasia und Nazar sind mittendrinnen, weil die beiden dazugehören."

Die ganze Klasse stimmte zu. Nazar und seine Schwester standen bei den anderen. Clemens streckte ihm den Daumen in die Höhe. Diesmal nickte Nazar und antwortete auch mit dem hochgestreckten Daumen.

An diesem Tag hatten alle noch ein wenig Farbe unter den Fingernägeln oder Flecken irgendwo an den Händen. Genauso bunt wie die Hände war die Stimmung in der Klasse.

Die beiden Neuen versuchten, dem Unterricht zu folgen. Die Lehrerin zeigte auf ihre Hand und sagte dazu „Hand". Sie zeigte auf die Farben und nannte Rot, Gelb, Grün und Blau. Sie hielt ein Bild hoch und sagte:

„Bunte Hände."

„Bunte Hände", wiederholte Anastasia.

„Ja, bunte Hände", rief Annabell. „Du sagst das gut. Bunte Hände."

„Bunte Hände", sprach Anastasia erneut nach und es klang noch besser. In der großen Pause hörte Annabell das Mädchen singen.

trällerte Anastasia immer wieder.

Nach dem Unterricht fand die letzte Chorprobe vor dem Wettbewerb statt, zu der Nazar und Anastasia wieder mitkamen. Frau Lydmann bemerkte die Farbspuren auf den Händen der Kinder und erkundigte sich, wie sie dazu gekommen waren. Clemens erzählte von den großen Bildern bunter Hände.

„Bunte Hände", wiederholte Frau Lydmann. „Wir können unseren Chor

BUNTE STIMMEN

nennen."

Die Probe begann und der Chor sang das Lied. Am Ende spielte die Musiklehrerin wieder mit ihrer orangefarbigen Haarsträhne.

„Da fehlt noch etwas. Das Ende des Liedes gefällt mir so nicht."

„Nazar kann unser Lied pfeifen", berichtete Clemens. „Er soll es pfeifen." Clemens winkte Nazar zu sich. Er pfiff ein wenig vor und deutete auf Nazar. Zuerst zögerte Nazar noch, dann aber spitzte er die Lippen. Sein Pfeifen war laut und klang richtig gut. Die Musiklehrerin klopfte Nazar begeistert auf den Rücken. Die Kinder des Chors applaudierten.

„Nazar soll am Ende des Liedes ein Solo pfeifen", entschied Frau Lydmann. Sie ließ den Chor die letzten Takte singen und forderte Nazar auf, die Melodie zu wiederholen. Es klappte gleich beim ersten Mal.

„Was macht Anastasia?", wollte Annabell wissen. „Sie singt doch gerne, hat ihre Mutter gesagt."

„Aber sie kennt die Worte nicht", sagte Frau Lydmann.

Da fiel Annabell ein, wie Anastasia in der Pause vor sich hingesungen hatte.

„Sie kann ‚Bunte Hände' singen!"

Frau Lydmanns Augen leuchteten auf, als ihr eine Idee kam. „Bunte Hände könnten wir alle singen. Statt ‚Wir sind Kinder' singt ihr ‚Bunte Hände'."

„Malen wir uns dann alle für den Auftritt die Hände bunt an?", fragte Annabell grinsend.

Frau Lydmann gefiel der Vorschlag, obwohl Annabell ihn als Scherz gemeint hatte. Sie bat alle ein wenig zu warten, setzte sich in die erste Reihe und kritzelte auf einem Zettel herum. „Kinder, ich habe eine Spezialaufgabe für euch. Bis morgen müsst ihr ein paar neue Textzeilen lernen."

Am Samstag wurden die Startnummern für den Musikwettbewerb verlost. Die Bunten Stimmen zogen Startnummer fünf.

„Nur kein Fünfer", sagte Leon. „Der bringt Unglück."

„Es gibt keine Unglückszahlen", beruhigte sie die Musiklehrerin. Trotzdem hatten alle Lampenfieber, als sie endlich an der Reihe waren. Sie nahmen auf der Bühne Aufstellung und Frau Lydmann gab den Einsatz.

Bunte Hände
winken fröhlich,
bunte Hände
laden ein.
Komm und gib mir
deine Hand,
lass uns alle Freunde sein.

Bunte Hände
werden stärker,
wenn man
viele Hände hält.
Komm, zusammen
machen wir
einen Ring um diese Welt.

Alle hatten die Hände in verschiedenen Farben angemalt. Bei einigen waren auch bunte Flecken auf den T-Shirts zu sehen, da die Farbe nicht so schnell getrocknet war.

Clemens machte einen kleinen Fehler bei seinem Gitarren-Solo.
Annabell spielte zu schnell am Klavier.

Anastasia sang mit lauter Stimme jedes Mal das „Bunte Hände" mit. Am Ende des Liedes sang sie es allein, danach pfiff Nazar die Melodie noch einmal. Als er fertig war, musste er heftig niesen.

Viele Handys wurden in die Höhe gehalten und es wurde heftig fotografiert, als alle Kinder am Ende die bunten Hände nach vorne streckten.

Es gab lauten Applaus für die Bunten Stimmen, trotzdem aber kam bei ihnen keine Freude auf. Sie hatten hinter der Bühne gehört, wie perfekt die anderen Chöre sangen. Niemand außer ihnen schien Fehler zu machen. Frau Lydmann versicherte den Kindern immer wieder, wie großartig ihr Auftritt gewesen war, aber die meisten wollten es nicht glauben.

Die Spannung stieg, nachdem alle ihre Darbietung abgeliefert hatten und sich die Jury zur Beratung zurückzog. Die Schuldirektorin war die Vorsitzende des Wettbewerbs und würde später verkünden, wer gewonnen hatte.

„Wir sicher nicht", murmelte Annabell immer wieder. Sie sagte es sich vor, um weniger enttäuscht zu sein, wenn es wirklich so sein würde.

Die Schuldirektorin betrat die Bühne und winkte mit einem Umschlag.

„Die Jury hat getagt und die Entscheidung ist uns wirklich schwergefallen. Wir haben uns aber schließlich auf die drei Darbietungen einigen können, die heute einen Preis gewinnen sollen."

Sie verlautbarte den Gewinner von **Platz 3**. Es waren nicht die Bunten Stimmen.

Platz 2... belegten sie auch nicht.

Clemens drückte fest die Daumen. Vielleicht hatten sie gewonnen. Die Direktorin machte es sehr spannend. Aber ...

Platz 1 ging an den Chor der Nachbarschule.

Die Enttäuschung bei den Bunten Stimmen war sehr groß. Die Kinder wollten zur Toilette gehen, um sich die Hände zu waschen.

„Blöde Idee mit den bunten Händen", brummte Leon. Anastasia und Nazar sahen die anderen fragend an. Sie verstanden noch nicht, was geschehen war.

„Nicht eure Schuld", versicherte ihnen Clemens.

Doch die Direktorin war noch nicht fertig. „Die Jury hat beschlossen, heute einen Spezialpreis zu vergeben", sagte die Direktorin auf der Bühne. „Wir haben einstimmig festgestellt, dass es einen Auftritt beim diesjährigen Wettbewerb gegeben hat, der uns allen lange in Erinnerung bleiben wird. Er war vielleicht nicht perfekt, aber dafür mit viel Herz und Kreativität gemacht. Gratulation an die Bunten Stimmen und ihre Chorleiterin und Komponistin des Liedes Bunte Hände, Frau Lydmann."

Zuerst verstand niemand, was gerade geschehen war. Clemens und Annabell blickten sich ungläubig an.

„Bunte Stimmen, bitte noch einmal auf die Bühne", rief die Direktorin.

Aus lauter Freude umarmte Annabell Anastasia, die neben ihr stand. Clemens stieß die Faust in die Luft und jubelte los. Nazar machte es ihm nach. Die beiden Buben lachten.

Frau Lydmann schob alle mit ausgebreiteten Armen auf die Bühne, wo sie lautes Klatschen empfing. Das Publikum jubelte.

„Und wir bitten die Bunten Stimmen, ihr Lied noch einmal für uns alle zu singen", sagte die Direktorin.

Als Nazar zum Abschluss die Melodie pfiff, sprangen die Leute von den Sitzen.

Eine Frau kam zur Bühne gelaufen und rief etwas hinauf. Nazar und Anastasia sprangen einfach zu ihr hinunter und sie drückte sie fest an sich.

„Das ist ihre Mama", erklärte Annabell den anderen.

Anastasia und Nazar deuteten auf die Bühne und redeten auf ihre Mutter ein. Sie winkte dem Chor zu.

Viele bunte Hände winkten zurück.

DAS KOCHFEST

Der Schuldirektor hieß Herr Grübchen, aber der Name passte nicht zu ihm. „Grübchen" klang nach einem kleinen Mann, doch der Direktor war ein Riese. Er stieß mit dem Kopf fast am Türrahmen an, wenn er ein Klassenzimmer betrat.

In der großen Pause drehte Herr Grübchen manchmal eine Runde über den Schulhof. Meistens lächelte er dabei. An diesem Mittwoch aber machte sich eine tiefe Falte zwischen seinen Augen breit. Herr Grübchen sah etwas, das ihm Sorgen bereitete.

Ein Mädchen, das erst vor einer Woche an die Schule gekommen war, saß allein auf einer Bank und sah traurig aus.

Als der Direktor sich zu ihr setzen wollte, rückte das Mädchen erschrocken zur Seite. Sie hielt etwas in den Händen, versuchte es aber zu verstecken.

Seit er Direktor geworden war, lernte Herr Grübchen die Namen der neuen Kinder an seiner Schule jedes Jahr gewissenhaft auswendig.

„Du heißt Joy? Nicht wahr?"

Verstohlen spähte der Direktor auf ihre Hände. Er erkannte, was sie vorhin getan hatte, und wollte ihr eine Frage stellen. Da aber drang von der anderen Seite des Hofes wütendes Geschrei zu ihm. Herr Grübchen sprang auf und lief in die Richtung, aus der das Geräusch kam.

Zwei Buben rauften, andere Kinder bildeten einen Kreis und schauten zu. Der Kleinere hielt den Größeren im Schwitzkasten und
wollte ihn zu Boden zwingen.

„Aufhören, auseinander",
befahl Herr Grübchen energisch. Weil die
zwei ihn scheinbar nicht hörten, packte er sie
am Kragen und zog sie hoch.

Zornig funkelten sie einander an, die Fäuste noch immer geballt.

„Was ist los, Oleg?", wollte der Direktor wissen.

Oleg war mit seinen Eltern vor einem Jahr nach Österreich gekommen, weil sein Vater drei Jahre lang hier in einer Firma an einem Projekt arbeiten sollte.

„Er hat gesagt, dass wir alle Verbrecher sind!" Oleg deutete mit dem Kopf auf den anderen Buben.

Sein Name war Andrij und er war mit seinen Großeltern vor dem Krieg geflüchtet.

„Das seid ihr auch. Ihr macht unser Land kaputt", zischte Andrij.

„Ich doch nicht. Meine Eltern auch nicht!", schrie ihn Oleg an.

„Schluss jetzt." Herr Grübchen ließ die beiden los. „Ist es nicht genug, dass Erwachsene Krieg führen? Daran sollt ihr euch kein Beispiel nehmen."

Die beiden Buben keuchten.

Herr Lustig kam über den Schulhof gelaufen. Er war der Assistent des Direktors und machte meistens ein Gesicht, als hätte er in eine Zitrone gebissen.

„Der Vater der neuen Mädchen ist hier, die vor drei Tagen an die Schule gekommen sind. Er will sich beschweren, weil sie neben einem Buben sitzen."

„Der Bub kommt doch aus dem gleichen Land wie die Mädchen", sagte Herr Grübchen.

„Trotzdem will der Vater das nicht. Die Mädchen wollen es auch nicht."

Der Direktor atmete tief durch.

„Mädchen sind dumm", sagte Oleg.

„Aha, und Buben, die sich prügeln, sind alle so schlau", brauste Herr Grübchen auf.

„Die Neuen sind alle komisch", meldete Andrij.

„Deshalb lasst ihr Joy in der Pause allein sitzen und niemand kümmert sich um sie", sagte der Direktor.

„Sie ist komisch", beharrte Andrij. „Und sie kann kein Deutsch."

„Das konntest du vor ein paar Monaten auch nicht, als du hergekommen bist."

Andrij überlegte und gab dem Direktor recht.

„Ach, Kinder, ihr bereitet mir wirklich Sorgen. Wir tun alle unser Bestes, damit ihr euch an dieser Schule wohlfühlt." Der riesige Herr Grübchen ließ sich auf eine Bank sinken.

Die Mädchen und Buben vor ihm sahen ihn betreten an. Der Direktor ließ die langen Arme hängen und schüttelte den Kopf.

„Kinder aus 14 verschiedenen Ländern gehen an meine Schule, die neun verschiedene Sprachen sprechen und fünf verschiedene Religionen haben. Statt euch zu vertragen und einander kennenzulernen, grenzt ihr andere aus, einfach nur, weil sie anders sind. Wie die Erwachsenen."

Herr Lustig wippte auf den Zehenspitzen. „Herr Direktor, Sie müssen zurück in Ihr Büro. Eltern warten dort auf Sie."

„Ich habe Hunger", sagte Andrij.

„Die Neue hat etwas mit, das riecht gut", sagte Oleg und deutete in die Richtung, in der Joy saß.

„Was das wohl ist?", wollte der Direktor wissen.

Oleg zuckte mit den Schultern. „Weiß nicht, wie das Zeug heißt. Aber es riecht gut. So Bällchen sind das."

„Wir holen uns eines", schlug Andrij vor.

„Nein, ihr werdet Joy nicht einfach die Schuljause wegnehmen", sagte Herr Grübchen streng. „Ihr könnt sie aber bitten, vielleicht lässt sie euch kosten."

„Ist doch nur ein Mädchen", sagte ein Bub, der weiter hinten stand. Der Direktor erhob sich zu seiner vollen Größe. „Mädchen und Buben sind gleich viel wert, ist das klar?"

Diesmal war deutlich zu hören, dass er bald sehr wütend werden würde. Daraufhin sagte niemand mehr etwas.

Auf dem Weg zum Direktionsbüro lief Herr Lustig neben ihm her. Er hatte Mühe, mit Herrn Grübchen Schritt zu halten.

„Herr Direktor, Sie müssen strenger durchgreifen", sagte er.

Herr Grübchen blieb stehen und sah ihn stumm an.

„Ich meine, so viele Kinder aus so vielen Ländern, das gibt natürlich viele Schwierigkeiten ...", fuhr Herr Lustig fort. „Das braucht mehr Strenge, wenn Sie mich fragen ..."

Der Direktor unterbrach ihn. „Lustig, beschaffen Sie mir eine Schatztruhe."

Der Assistent war fast zwei Köpfe kleiner als der Direktor und sah ihn nun sehr verwundert von unten an. „Wie bitte? Haben Sie Schatztruhe gesagt?"

„Ja. So eine kleine Truhe aus Holz. Mit Schloss am besten. Wie sie in Piratenfilmen zu sehen ist."

„Ich verstehe Sie nicht, Herr Direktor …"

„Außerdem will ich morgen gleich vor der ersten Stunde alle Klassen im Festsaal versammelt haben. Wir schreiben eine Nachricht, die an die Familien geht. Natürlich auch an alle Lehrerinnen und Lehrer."

Herr Lustig staunte, als er hörte, was in der Nachricht stehen sollte.

Am nächsten Tag saßen alle Klassen im Festsaal und warteten gespannt. Die Lehrerinnen und Lehrer, die verschiedene Sprachen beherrschten und im Unterricht halfen, betraten mit Herrn Grübchen die Bühne.

Der Direktor hielt eine Ansprache, die für alle übersetzt wurde.

„Am Samstag in einer Woche findet an unserer Schule ein großer Wettbewerb statt", verkündete Herr Grübchen. „Es ist ein Wettbewerb, bei dem ihr euch alle die Bäuche vollschlagen könnt."

Ein Raunen ging durch den Saal.

„Ich lade alle Familien ein, etwas zu kochen, das bei euch gerne gegessen wird. Es können Speisen aus eurer Heimat sein, aber auch jede andere Speise ist willkommen. Egal, ob Suppe, Hauptspeise oder Nachspeise. Egal, ob Brot oder Brei oder Kuchen. Der Wettbewerb beginnt am Vormittag. Wer möchte, kann

gerne hier in der Schule die Speisen zuberei-
ten. Ihr könnt das auch gemeinsam tun. Alles
ist erlaubt. Um zwölf Uhr Mittag werden die
Speisen serviert. Bringt von zuhause Teller
und Besteck mit. Ihr könnt kosten und essen,
was immer ihr wollt."

Die Begeisterung wurde immer größer.
Manche Kinder gaben schmatzende Laute von
sich.

Der Direktor hielt die Schatztruhe hoch, die
halb so groß wie eine Getränkekiste war. „Wir
werden gemeinsam die beste Speise wählen.
Zu gewinnen gibt es das hier."

„Was ist drinnen?",
riefen einige aus dem Saal.

„Das erfahrt ihr am Samstag."

Von diesem Moment an gab es nur noch ein Thema in der Schule: das große Kochen und Essen.

Die Eltern bekamen eine Einladung von der Schule. In ihr wurden sie gebeten, das Speisenfest zu unterstützen.

Einladung

Endlich war der Samstag gekommen. Bereits um acht Uhr in der Früh trafen die ersten Familien ein. Sie brachten in großen Taschen und Körben Speisen aus den verschiedenen Ländern. Auch viele österreichische Spezialitäten waren dabei. Einige Familien hatten Italienisch gekocht, Ungarisch und Griechisch, obwohl sie nicht aus diesen Ländern kamen.

In der Schulküche gab es genug Platz, um gemeinsam vorzubereiten und zu kochen.

Neugierig sahen Mädchen und Buben zu, was ihre Klassenkameraden mit den Eltern zubereiteten. Es wurde über Gewürze gestaunt, manche Zutaten hatten einige der Kinder noch nie gesehen.

Im Schulhaus summte es wie in einem Bienenstock. Vor allem aber war die Luft erfüllt vom Duft des Essens. Die Speisen wurden auf Schultischen angerichtet, die in den Gängen aufgestellt worden waren. Es sah aus wie ein langes Buffet, das kein Ende nehmen wollte.

Schlag zwölf Uhr begann das große Kosten.

Nicht nur die Kinder probierten. Auch die Eltern waren neugierig auf die Speisen aus so vielen verschiedenen Ländern. Es gab Huhn mit pikanter Soße, Bällchen aus Gemüse und Reis, süßes Gebäck, das ein wenig klebrig war, eine Art Strudel mit Fleisch, Fladenbrotstücke mit verschiedenen Aufstrichen und zahlreiche andere Köstlichkeiten. Um 13 Uhr waren sämtliche Teller, Schüsseln und Platten leer und Kinder und Eltern satt.

Der Direktor forderte alle auf, im Festsaal Platz zu nehmen. Mit der Schatztruhe unter dem Arm kam er auf die Bühne.

„Hat es euch geschmeckt?", fragte Herr Grübchen.

Ein lautes und vielstimmiges:

„Ja!" tönte aus dem Saal.

„Habt ihr nur gegessen, was ihr schon kanntet?"

„Nein!", riefen alle.

„Habt ihr vorher auch schon heimlich genascht?", wollte der Direktor wissen.

Im Saal wurde gekichert.

Herr Grübchen klopfte auf die Truhe.

„Ich bedanke mich bei allen, die mitgeholfen haben, dieses Fest zu organisieren. Hier an der Schule und in den Familien."

„Wer hat gewonnen?", rief Oleg.

Herr Grübchen setzte eine geheimnisvolle Miene auf. „Das werde ich bald verkünden. Zuerst aber möchte ich mich auch bei euch bedanken, Kinder. Ihr bereitet mir viel Freude, doch manchmal auch Sorgen."

Die Eltern nickten mitfühlend. Ihnen erging es nicht anders mit ihren Kindern.

Der Direktor erzählte weiter. „In einer Schulpause habe ich Joy beobachtet und womit sie sich beschäftigt hat. Das gab mir die erste Idee. Als Oleg und Andrij rauften, kam mir die zweite Idee."

Es war still im Festsaal geworden. Niemand hatte mit solchen Worten gerechnet. Herr Grübchen stellte die Schatztruhe auf einen kleinen Tisch und drehte den Schlüssel. Das Schloss knackte und sprang auf.
Einige Kinder standen auf und reckten den Hals. Sie wollten sehen, was der Direktor in der Truhe aufbewahrte. Was war der große Preis?

„Gewonnen hat ...", begann der Direktor.

Die Spannung im Saal knisterte förmlich.

„... die ganze Schule!"

„Was? Unfair!", rief Andrij. „Es kann nur einer gewinnen."

Herr Grübchen deutete ihm mit seinen großen Händen, sich zu beruhigen.

„Gut, Andrij, dann bin ich der Gewinner!"

Damit war der Bub aber auch nicht einverstanden.

„Ich wollte, dass sich einmal alle besser kennenlernen können", erklärte Herr Grübchen. „Egal, aus welchem Land sie kommen. Egal, welche Sprache sie sprechen. Essen ist etwas, das alle gerne tun."
Viele Kinder und Eltern im Saal nickten, als sie die Worte von Herrn Grübchen hörten.

„Aber der Preis!", riefen einige.

Herr Grübchen ließ die Hand in die Kiste sinken.

„Auf diesen Preis hat mich Joy gebracht. Sie saß in der Pause allein auf einer Bank und hat ein Freundschaftsbändchen geknüpft. Die Kiste hier ist voll mit Freundschaftsbändchen, die ich für euch besorgt habe. Auch alle Erwachsenen bekommen eines. Knotet sie euch gegenseitig um das Handgelenk. Sie sollen euch lange an unser wunderbares Fest erinnern, zu dessen Gelingen ihr alle beigetragen habt."

Es gab großen Applaus für den Schuldirektor, der die Freundschaftsbändchen verteilte. Als er die Truhe geleert hatte, war für ihn selbst keines mehr übrig.

Da stand Joy auf und ging schüchtern zu ihm. Sie hielt ihm ein Bändchen hin, das sie selbst geknüpft hatte. Der Direktor bestand darauf, dass sie es ihm um das Handgelenk band. Es saß ein bisschen eng, weil sein Arm so stark war, aber das störte ihn nicht.

„He!", rief Andrij. Er hatte Olegs Hand gepackt und streckte sie in die Höhe.

„He, Freunde!"

58

Andere folgten ihrem Beispiel. Schließlich fassten alle einander an den Händen und bildeten eine lange Kette. Gleichzeitig wurden alle Hände in die Luft gestreckt.

Joy stand neben Herrn Grübchen auf einem Sessel. Selbst so hatte sie Mühe, die Hand und den langen Arm des Direktors hochzuhalten. Sie begann zu lachen.

Ihr Lachen war das größte Geschenk für Herrn Grübchen.

DIE PRINZESSIN

Samira und Tim gehen
beide in dieselbe Klasse.

Sie sitzen in der zweiten Reihe,
aber an verschiedenen Pulten und
getrennt durch einen kleinen Gang.

Samira sitzt auf der einen
Seite des Ganges. Tim auf der anderen.

Beide haben ein Geheimnis, das sie
niemandem in der Klasse verraten würden.

DER SAURIER

BASIMA

Samiras Geheimnis war eine kleine Stoff-
puppe, die ihre Tante Esma für sie genäht hatte. Die Puppe hatte schwarzes Wollhaar und
trug ein Kleid, geschneidert aus einem Tuch
mit Goldborte.

„Dein Name bedeutet ‚Prinzessin‘, Samira.
Vergiss das nie", hatte die Tante zu ihr gesagt.
„Eine Prinzessin benimmt sich edel und weise. Deine Puppenfreundin heißt Basima. Das
bedeutet ‚Lächeln‘." Sie deutete mit dem Finger auf die fröhlichen Augen und den lachen-
den Mund, den sie der Puppe gestickt hatte.
„Wenn du Trost brauchst, halte Basima fest an
dein Herz. Sie wird dir Mut geben", versprach
sie und reichte Samira die Puppe.

Alles hatte Samiras Familie auf der Flucht zurücklassen müssen: ihr Haus, ihre Kleidung, selbst Samiras Spielsachen. Basima war das Einzige, das Samira aus der alten Heimat mitnehmen konnte. Sie hielt die Puppe immer gut unter dem Pulli oder in der Tasche ihres Rocks versteckt.

Auf dem langen Weg und in den Wochen im Flüchtlingslager hatte Samira niemals gejammert oder geweint. Sie wollte ihren Eltern nicht noch mehr Kummer bereiten. Samira sah ihnen ihre großen Sorgen an. Sie wollte eine mutige Prinzessin sein, auch wenn es ihr schwerfiel.

Schließlich erreichte Samiras Familie das Land, in dem sie von nun an leben würden. Hier waren sie in Sicherheit, sagten die Eltern. Aber alles war so anders als früher. Wie gut, dass Samira ihre Basima hatte. Ihr vertraute sie alles an, was sie erlebte …

R E X I

Tims Geheimnis trug den Namen Rexi. Seine Mutter hatte Rexi im Prater für ihn an einer Wurfbude gewonnen. Tim liebte Saurier. Er war vor der Bude stehengeblieben und erst bereit weiterzugehen, wenn seine Mutter mit den Bällen nach den Dosen werfen würde. Sie brauchte einige Versuche, bis sie es geschafft hatte, alle Dosen umzuschießen. Die Frau hinter der Theke nahm den gelborangen Saurier vom Regal und reichte ihn Tim.

Der Saurier hatte ein Fell aus Plüsch und einen festen Körper. Sein Maul stand offen, seine Zähne waren aus weißem Filz. Tim drückte ihn an sich und schlief von nun an jede Nacht mit ihm im Bett. Weil er große Ähnlichkeit mit einem T-Rex hatte, bekam der Saurier den Namen Rexi.

Tims Vater wohnte nicht bei ihm und seiner Mutter. Er hatte eine neue Familie, eine neue Frau und eine kleine Tochter. Tim sah ihn jedes zweite Wochenende und in den Ferien. Sein Vater mochte Rexi nicht. Angeblich war das Kuscheltier zu billig und zu schmutzig. Als er das zu Tims Mutter sagte, hatte es gleich wieder Streit gegeben.

Am Abend lag Tim manchmal im Bett, den Saurier neben sich unter der Decke. Er redete gerne mit ihm und erzählte ihm, dass er das Gezänk seiner Eltern gar nicht mochte.

Einmal hatte sein Vater vor der Tür gelauscht und Tim mit Rexi reden gehört. „Dafür bist du jetzt wirklich zu alt", hatte er ihn ermahnt. „Die anderen in deiner Klasse würden sicher lachen, wenn ich ihnen verrate, dass du mit einem Stofftier sprichst."
Tim wusste, dass sie es nie, nie, niemals erfahren durften.

SAMIRA

Heute hat mich Papa in die Schule gebracht. Ich wollte lieber zu Hause bleiben bei Mama. Aber ich muss zur Schule. Wenigstens mag ich meine Schultasche. Die Buntstifte auch.

Die Schule ist ein Haus mit vielen Stockwerken. Nicht wie unsere alte Schule, die nur drei Klassenzimmer hat. Viele Kinder sind neben mir durch das Tor gelaufen. Einige haben gelacht. Zwei Mädchen haben einander gestoßen. Alle haben uns angestarrt. Alle. Zumindest finde ich, dass alle gestarrt haben.

Zwei Frauen haben uns am Schultor erwartet. Eine stellte sich auf Arabisch vor. Ihr Name ist Halima. Papa hat ihr gesagt, dass er mich zum Unterricht bringt. Halima redete in einer fremden Sprache mit der zweiten Frau. Sie nannte sie „Direktorin".

66

Die Direktorin führte uns durch die Gänge der Schule. Dann kamen wir ins Büro der Direktorin, wo die Erwachsen miteinander sprachen. Danach gingen wir wieder auf den Gang hinaus. Eine Tür wurde geöffnet. Wir kamen in ein Klassenzimmer mit Tischen und Sesseln. Dort sah ich eine andere Frau. Sie heißt Lina, glaube ich. In der Klasse haben mich alle seltsam angeschaut. Frau Lina hat mir einen Platz gezeigt. In der zweiten Reihe. Neben mir sitzt ein Mädchen. Ich verstehe kein Wort von dem, was sie sagt.

Auf der anderen Seite des Ganges sitzt ein Bub. Er machte seltsame Geräusche mit dem Mund. Kurz habe ich zu ihm hingesehen, da hat er ein komisches Gesicht geschnitten.

Die Frau an der Tafel hat ihm etwas zugerufen. Da hat er mich böse angeblickt. Er mag mich nicht. Es ist schrecklich hier.

PLOPS!

TIM

...erzählt Rexi

Heute ist eine Neue in die Klasse gekommen. Die Frau Direktorin hat sie hereingeführt. Ein Mann war auch dabei. Es ist ihr Vater, hat die Frau Direktorin gesagt.

Die Neue heißt Schmierer.
Nein, Ramina.
Nein, sie heißt Ramischa.

Mist, ich kann mir den Namen nicht merken. Sie spricht kein Deutsch. Deshalb muss sie auch diese andere Klasse besuchen, in der die Neuen Deutsch lernen, wenn sie aus einem anderen Land kommen.

Wahrscheinlich glaubt die Neue, ich heiße Tim Lass Das. Frau Linner hat nämlich dreimal zu mir gesagt: Tim, lass das.

Ich wollte mir den Namen des Mädchens auf die Handfläche schreiben. Weil ich ihn sonst vergesse.

TIM, LASS DAS!

Ich wollte ihr den Schokoriegel schenken, von dem ich nur einmal abgebissen habe. Die Neue schaut nämlich so traurig.

Tim, lass das.

Dann habe ich meinen besten Plops gemacht, indem ich meinen Finger aus dem Mund gezogen habe, und meine lustigste Grimasse geschnitten. Die Neue hat aber nicht gelacht.

TIM, LASS DAS!

Ich heiße Tim Füger, nicht Tim Lass Das!
Jetzt ist mir wieder eingefallen, wie die Neue heißt:

Amsira.

Nein, nein. Auch nicht.

SAMIRA

Liebe, liebe Basima. Ich bin froh, dass du mich immer begleitest. Sonst würde ich den ganzen Tag weinen.

Weißt du, ich bin so traurig, dass ich ständig Tränen in den Augen habe. Ich sehe die Klasse, in der ich Deutsch lernen soll, oft nur verschwommen.

Dieses Deutsch ist schwierig. Es klingt völlig anders als Arabisch. Meine neue Lehrerin heißt nicht Lina, wie ich zuerst geglaubt habe, obwohl man ihren Namen so ausspricht. Halima hat mir erklärt, dass ihr Name Linner lautet. Diese Unterschiede verwirren mich.

Die Deutschlehrerin ist freundlich und sieht mich oft an. Was soll ich dann machen? Sie klappt manchmal den Mund auf und zu. Soll ich das auch tun?

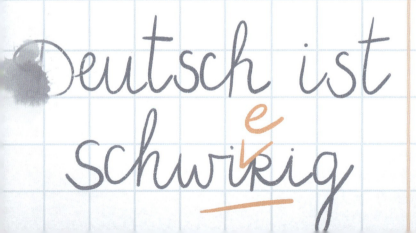

Halima, die Arabisch spricht, war wieder da. Sie hat mir erklärt, ich soll die neuen Wörter nachsprechen, die die Lehrerin sagt. Aber das traue ich mich nicht. Ich kann das nicht. Ich will nicht ausgelacht werden.

Also sitze ich da und tu so, als würde ich zuhören. Aber ich verstehe nichts. Wenn der Gong ertönt, stehen alle auf. Sie gehen auf den Gang und in den Hof. Ich bleibe lieber sitzen. Ich möchte am liebsten zu dir in die Schultasche kriechen, Basima, und mich verstecken.

Manchmal denke ich an unser Haus.
An Großmutter und Großvater. Mama sagt, sie werden nie nachkommen. Aber ich will sie doch wiedersehen. Tante Esma ganz besonders. Ich versuche wirklich, eine Prinzessin zu sein, mutig und edel.

Aber ich glaube, es gelingt mir nicht.

TIM

Die Neue heißt Samira. Jetzt weiß ich es. Frau Linner will nicht, dass ich es mit Kuli in meine Handfläche schreibe. Deshalb hat sie den Namen auf einen Zettel geschrieben und mir gegeben.

Samira klingt schön.   *Samira*

Die Neue ist aber langweilig. Sie ist jetzt schon zwei Wochen in der Klasse. Weil sie Deutsch lernen muss, kommt sie jeden Tag nur ein oder zwei Stunden zu uns. Sie schaut meistens auf den Boden.

Wir lernen gerade viel über Bienen und Frau Linner hat große Bilder mitgebracht und sie an die Tafel gehängt. Sie ging zur Neuen und deutete zu den Bildern, damit sie hinsieht.

Die Neue aber will nicht. Ihre Schultasche hat sie ständig auf dem Rücken. In der Stunde. In der Pause. Immer. Wenn ich das tue, sagt Frau Linner bestimmt:

Tim, lass das! Nimm die Schultasche runter.

Samira aber darf das. Ich finde das gemein. Die anderen in der Klasse mögen sie auch nicht. Die Neue singt nicht mit. Sie schaut auch nicht mit uns Videos, die Frederic auf seinem Handy zeigt. Er darf es eigentlich nicht mithaben, aber Frau Linner hat es noch nicht entdeckt.

Die Neue hat noch kein einziges Wort geredet. Ich habe gehört, wie die Deutschlehrerin zu Frau Linner gesagt hat, Samira spricht auch in ihren Stunden nichts.

Wir müssen immer aufpassen und mitarbeiten. Die Neue aber nicht.

Das regt mich auf.

SAMIRA

Vier Wochen lang gehe ich schon in die Schule. Aber ich will am liebsten nur noch im Bett bleiben.

Jeden Tag bringen mich Mama oder Papa zur Schule. Am Nachmittag holen sie mich wieder ab. Der Weg zu unserer Wohnung ist nicht weit. Sie wollen aber nicht, dass ich allein gehe.

Ich glaube, die anderen lachen mich aus. Sie tun das hinter meinem Rücken, aber ich spüre es.

Wir müssen keine Angst mehr vor dem Krieg haben, sagt Papa. Mama sagt, wir haben jetzt auch genug zu essen. Trotzdem mag ich Österreich nicht.

Ich bin so allein hier. Ich habe keine Freundin. Es will niemand mit mir spielen. Ich verstehe nichts und kann nichts sagen.

Heute habe ich gesehen, wie ein Mädchen ihren Freundinnen heimlich etwas gedeutet hat. Es hat zuerst auf mich gezeigt, dann mit dem Finger an die Stirn getippt und das Gesicht verzogen. Die anderen Mädchen haben genickt. Das verstehe ich: Sie findet, ich bin dumm. Die anderen finden das auch.

TIM

Frau Linner hat heute mit Veronika und den Hühnern geschimpft. Du weißt schon, Rexi, das sind die Mädchen, die immer in der Pause zusammenstecken.

Sie haben sich über Samira lustig gemacht. Veronika hat ihren Freundinnen, also den Hühnern, gedeutet, dass die Neue spinnt.

Sie hat recht.

Wir sollen freundlich und lieb zu Samira sein, ermahnt uns Frau Linner. Aber die Neue ist doch auch nicht nett zu uns.

Sie schaut immer so böse. Oder ist sie traurig? Sie hebt nie den Kopf.

Samira zeichnet viel. Ich glaube, das macht sie gerne. Sie sitzt immer vorgebeugt da und hält die Hand so, dass wir nicht sehen können, was sie zeichnet.

Du, Rexi, mir ist etwas aufgefallen. Sie hat manchmal Tränen in den Augen, als ob sie gleich weinen würde. Heute ist eine Träne auf den Boden gefallen.

Ich habe ihr meinen Radiergummi über den Gang hingehalten. Vielleicht will sie etwas wegradieren, habe ich mir gedacht. Mädchen weinen manchmal, wenn sie etwas nicht richtig geschrieben oder gezeichnet haben.

„Radiergummi?", habe ich sie gefragt.

Sie hat sich schnell weggedreht. Und Frau Linner hat wieder gesagt:

„Lass das, Tim!"

SAMIRA

„Ich heiße Samira!"
„Ich bin 10 Jahre alt."
„Wie heißt du?"

Das kann ich alles auf Deutsch sagen. Außerdem „Bitte" und „Danke".

Wenn ich in der Schule zeichnen darf, bin ich nicht mehr so traurig. Weißt du, Basima, ich zeichne Tante Esma, Großvater und Großmutter. Und unser Dorf. Papa sagt, es ist völlig zerstört worden.

Meine Zeichnungen darf aber niemand sehen. Ich setze mich immer so hin, dass keiner auf mein Blatt schauen kann. Bestimmt lachen alle nur über meine Zeichnungen.

Heute musste ich weinen, weil ich wieder an unser altes Zuhause gedacht habe. Mama sagt, ich soll das nicht mehr tun. Es gibt kein altes Zuhause mehr.

Aber es gibt auch kein neues Zuhause hier.

Dieser Bub, der am anderen Tisch sitzt, hat mir heute etwas hingestreckt. Er hat auch etwas gesagt, das komisch klang. Etwas mit Rrrrr und diiii und guuuu-li oder so. Bestimmt hat er sich über mich lustig gemacht.

Ich weiß, viele tuscheln leise, weil ich immer meine Schultasche auf dem Rücken lasse. So kann sie aber keiner stehlen. Denn du bist drinnen, Basima, und ich muss dich beschützen.

Nach der Schule bin ich nicht abgeholt worden. Halima hat bei meinen Eltern angerufen. Sie sagten, sie wären auf einem Amt und würden lange warten müssen. Wo aber sollte ich bleiben?

TIM

Eigentlich hätte mich Papa nach der Schule abholen sollen. Es ist ein Papa-Wochenende. Er hatte aber einen Unfall. Ihm ist nichts passiert, aber das Auto ist kaputt.

Samira ist auch nicht abgeholt worden. Ich habe sie vor dem Schultor getroffen, als Mama gerade kam. Halima, die Lehrerin, die Arabisch spricht, war bei ihr. Sie hat uns erzählt, dass Samiras Eltern erst in einer oder sogar zwei Stunden kommen. Die Schule aber wird geschlossen und Halima muss zum Zahnarzt.

Mama hat angeboten, dass Samira zu uns nach Hause mitkommen kann. Ohne mich zu fragen! Halima hat Samiras Eltern angerufen und sie waren einverstanden.

Also haben wir Samira mitgenommen. Mama hat Samira in unser Wohnzimmer geführt und dann gesagt, ich solle Samira mein Zimmer zeigen.

Aber das wollte ich nicht. Ich bin schnell in mein Zimmer gelaufen und habe die Tür zugemacht. Ich habe mich auf mein Bett geworfen und dich vom Nachttisch genommen, Rexi.

Mama ist mit Samira nachgekommen. Samira hat gesehen, wie ich dich halte. Ich wollte dich schnell weglegen, aber da hat Mama Samira gedeutet, dass ich dich gerne an mich drücke. Tut mir leid, dass ich dich weggeworfen habe. Aber das musst du verstehen. Ich hatte Angst, dass Samira mein Geheimnis entdeckt!

Es tut mir noch mehr leid, dass du dabei auf den Boden gefallen bist.

Für einen Moment habe ich gehofft, dass niemand etwas bemerkt hat. Doch dann hat dich Samira aufgehoben und ganz seltsam angesehen.

SAMIRA

Basima, du kannst dir nicht vorstellen, was Tim im Bett hat! Es sieht aus wie ein Ungeheuer aus den Sagen, die mir Großmutter erzählt hat. Als ich heute in seinem Zimmer war, hat er es auf den Boden geworfen. Ich habe es aufgehoben.

Seine Mama zeigte darauf und sagte: „Rexi." So heißt das Ungeheuer wohl. Sie redete mit Tim. Ich glaube, er mochte nicht, dass ich das Ungeheuer halte. Aber mir hat es irgendwie gefallen.

Tim hat ein Buch geholt. Vorne waren Tiere zu sehen, die dem Ungeheuer ähnlich sind. Er legte das Buch auf das Bett und blätterte darin. Es waren verschiedene Ungeheuer darin abgebildet. Er nannte sie „Saurier".

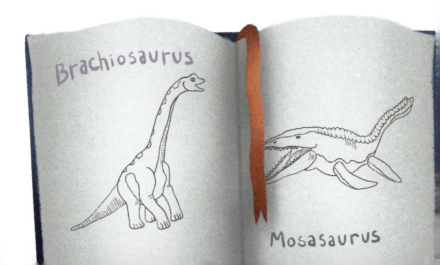

In seinem Regal stehen viele Figuren. Es
sind diese Saurier, das habe ich erkannt. Er hat
auch ein Bild an der Wand hängen. Es zeigt einen Saurier mit weit aufgerissenem Maul.

Mama und Papa haben auf dem Amt wirklich lange gebraucht. Als sie endlich kamen,
haben sie sich viele Male bei Tims Mutter ent-
schuldigt. Sie konnten alles nur auf Arabisch
sagen, aber Tims Mama hat ständig genickt
und gelächelt.

TIM

Als Samiras Eltern kamen, um sie abzuho-
len, hat Mama sie in die Wohnung gebeten.
Die Eltern haben auf Arabisch geredet. Wir
haben kein Wort verstanden. Aber ich glaube,
sie wollten sich entschuldigen.

„Vielleicht wollen
sie mit uns Spagetti
essen?“,

hat Mama gesagt.

Aber wie sollen wir sie fragen?

Ich habe mit den Händen gezeigt, dass ich
etwas in den Mund stopfe. Mama hat zur Kü-
che gedeutet.

„Essen?“, hat sie gefragt.

Sie hat sogar den Topf mit dem Fleischsugo
gebracht.

Ich glaube, Samira hat verstanden, was Mama wollte und es übersetzt. Die Eltern haben etwas zu Samira gesagt. Sie hat uns angesehen und „Danke!" gesagt, aber mit dem Kopf geschüttelt.

Danach hat sich Samiras Familie von uns verabschiedet.

SAMIRA

Am Sonntag hat Papa zu mir gesagt, dass wir uns bei Tim und seiner Mama bedanken müssen. Mama und Papa wollten ihnen etwas schenken, aber wir haben nichts. Und kaufen können wir auch nichts.

Mir ist etwas eingefallen, Basima. Tim mag diese Ungeheuer so gerne. Ich bitte Papa, dass er auf seinem Handy im Internet nach ihnen sucht. Sie heißen ...

S-a-r ... Falsch.
S-u-r- ... Nein.
S-a-u-r ...

Saurier!

Wir finden viele Bilder. Ich zeichne den ganzen Sonntag. Hoffentlich gefallen Tim meine Saurier.

Papa schreibt auf die Rückseite einer Zeichnung „Danke" auf Arabisch und noch ein paar
Worte dazu.

Am Montag bringen mich Mama und Papa
früh in die Schule. Sie müssen wieder auf das
Amt gehen. In der Klasse lege ich die Zeichnungen auf Tims Platz. Danach gehe ich in
die andere Klasse zum Deutsch-Unterricht.

Kurz bevor der Unterricht beginnt, kommt
meine Lehrerin Linner mit Tim herein. Tim
zeigt Halima, was Papa auf die Rückseite der
Zeichnung geschrieben hat. Halima übersetzt
es ihm.

TIM

Das ist ein Geschenk, ein Dankeschön, erklärte mir Frau Linner.

Samira hat Saurier für mich gezeichnet und ihr Vater hat geschrieben:

„Danke für die Hilfe. Sie sind sehr freundlich. Danke."

Halina sagte mir vor, was „Danke" auf Arabisch heißt.

Ich habe es nachgesprochen. Samira war überrascht. Shukran

„Bitte", sagte sie auf Deutsch.

Danach mussten Frau Linner und ich schnell zu den anderen zurück. In der dritten Stunde war Samira wieder bei uns. Es wurde gerechnet.

Rexi, du errätst nie, was sie dann getan hat!

SAMIRA

Ich rechne gerne und ich kenne die Zahlen bis 20 auf Deutsch. Wenn ich eine Zahl nicht sagen kann, schreibe ich sie auf. Lehrerin Linner nickt, wenn sie richtig ist. Aber heute hat sie den Kopf geschüttelt. Ich habe einen Fehler gemacht. Ich rechnete nach … Mir war schnell klar, was sie meinte. Zum Glück habe ich mit dem Bleistift geschrieben. Das konnte ich ausbessern. Dazu brauchte ich …

Ich drehte mich zu Tim. Er hatte schon einmal das Wort gesagt. Es war nicht einfach, aber es hat mir damals gefallen.

„Bitte", begann ich.
„Bitte, Ra---die—r—ga---ggg---"

„Hmm?", machte Tim.

„Radier-gu-mmi!", sagte ich.

„Ah!", rief Tim, als er verstand, und gab mir den Radiergummi. Rund um mich war es auf einmal sehr still. Ich blickte schnell herum und dann wieder auf meine Schuhe.

TIM

Sie hat Radiergummi gesagt! Stell dir das vor, Rexi.

Samira hat mich nach dem Radiergummi gefragt.

Sie hat endlich gesprochen. Nicht nur: „Ich heiße Samira." Sie kann Radiergummi sagen. Ich klatschte in die Hände. Die anderen in der Klasse haben das auch getan. Es gab viel Applaus für Samira. Auch von Frau Linner.

Aber Samira war das wohl gar nicht angenehm. Sie wirkte verlegen und schaute wieder nur ihre Schuhspitzen an.

Ra - dier - gu - mmi

Ra - dier - gu - mmi

Ra - dier - gu - mmi

RADIERGUMMI!

Wie beim Fußball, wenn wir eine Mannschaft anfeuern, habe ich zu rufen begonnen: „Ra-dier-gu-mmi! Ra-dier-gu-mmi!"

Alle riefen mit. Dann kam die Frau Direktorin in die Klasse. Wir sind sofort still geworden. Frau Linner erklärte, wieso wir vorher so laut gerufen hatten. Die Frau Direktorin lächelte, als sie das hörte. Halina kam und erfuhr auch, was los war.

Sie redete mit Samira auf Arabisch. Samira war stolz, das konnte ich sehen.

Aber sie lächelte trotzdem nicht.

SAMIRA

Basima, stell dir vor, die anderen Kinder haben für mich in die Hände geklatscht. In der Pause machten sie keinen Bogen mehr um meinen Tisch. Sogar Veronika und ein paar andere Mädchen kamen zu mir. Sie boten mir kleine Spieße mit Früchten an, die sie in einer Plastikdose mitbringen.

Es war Obst. Das darf ich essen. Deshalb habe ich mir einen Spieß genommen.

„Danke", sagte ich.

„Bitte!", riefen die Mädchen.

Mit den Zähnen zog ich ein Obststück nach dem anderen von dem Hölzchen.

Lehrerin Linner sagte in der nächsten Schulstunde etwas, das alle freute. Ich verstand es nicht. Aber die Lehrerin deutete mir, einfach zuzusehen.

Sie stellte sich hin und legte die flache Hand über die Augen, als würde sie nach etwas Ausschau halten. Sie schwankte von einem Bein auf das andere. Die Kinder riefen ihr Worte zu, aber sie schüttelte immer nur den Kopf. Schließlich erriet jemand, was sie darstellte. Die Lehrerin zeigte mir ein Foto auf dem Handy. Es war ein Schiffskapitän. Sie hatte also Kapitän gespielt.

Nun waren die anderen an der Reihe. Alle mussten etwas darstellen. Und wir mussten es erraten. Als Tim dran war, riss er die Arme in die Höhe und brüllte. Ich wusste, was er war.

„Saurier!", rief ich.

TIM

Samira hat erraten, was ich gezeigt habe.

Um zu zeigen, dass sie richtig lag, habe ich noch einmal gebrüllt wie ein T-Rex und mit den Pfoten gewackelt.

Da hat Samira zu lachen begonnen.

Einfach so.

Ich habe noch einmal gebrüllt und den Kopf hin- und hergeworfen.Samira hat noch mehr gelacht. Sie konnte gar nicht mehr aufhören. Ich glaube, sie hat einen Lachkrampf bekommen. Wir mussten alle mitlachen. Die ganze Klasse hat nur noch gelacht. Frau Linner auch.

So viel und so laut haben wir schon lange nicht mehr miteinander gelacht. Als wir endlich fast alle wieder ernst waren, hat wieder jemand losgelacht.

Frau Linner hat Samira mit einer Handbewegung eingeladen, auch etwas vorzuspielen. Samira hat zuerst gezögert, ist dann aber zur Tafel gegangen. Sie hat gebrüllt, wie ich. Nicht so gut und laut, aber auch nicht schlecht. Schon gab es Gelächter. Danach hat sie die Arme an die Brust gedrückt, als würde sie etwas halten. Sie hat es hin und her gewogen und zu mir gezeigt.

Da ist mir die Luft weggeblieben. Ich wusste nicht, dass Samira so gemein sein kann!

SAMIRA

Tim hat mich böse angefunkelt. Er hat mir eine Grimasse geschnitten. Sie war nicht lustig, sondern wütend.

Basima, ich wollte doch etwas zeigen, das nur er erraten kann. Damit er gewinnt. Nur er kennt den Saurier auf seinem Bett.

Aber er hat nichts gesagt. Tim hat die Lippen fest zusammengepresst. Lehrerin Linner war ratlos, was ich zeigen wollte. Die anderen auch. Alle haben zu Tim geschaut. Er hat einen roten Kopf bekommen.

Die Lehrerin hat ihn etwas gefragt.
Tim hat nur den Kopf geschüttelt.
Nun kam die Lehrerin zu mir.
Sie hob fragend die Hände.
Schnell ging ich zurück
auf meinen Platz.

Ich habe alles
falsch gemacht.

TIM

Ich hasse Samira. Fast hätte sie der ganzen Klasse verraten, dass ich dich gerne habe, Rexi.

Frau Lehrerin Linner fragte mich, was Samira meint. Ich habe gestottert.

„Ein Saurier ... also ... sie drückt ... ihn ... es ist ihrer ..."

So ein Quatsch, was ich da redete. Frau Linner gab nicht auf. „Tim, meint sie, dass sie dich stark wir einen Saurier findet, den sie drücken mag?"

Veronika hat gekichert. Eines der Hühner hat „verknallt" gesagt.

„Still!" Frau Linner klang streng. „Es ist sehr schön, dass Samira Tim ein so großes Kompliment macht."

Es war aber kein Kompliment. Veronika hat gefeixt und die Augen verdreht. Ihre Lippen formten stumm das Wort *„Verknallt"*.

SAMIRA

Basima, ich war so dumm.
So schrecklich dumm.

Ich habe verstanden, warum Tim
böse auf mich ist. Er wollte nicht,
dass die anderen von seinem Saurier
erfahren. Aber es war doch so lieb, wie
er ihn im Arm gehalten hat. So wie ich
dich gerne halte.

In der Pause hat mich Tim
nicht angesehen. Er wollte so
schnell wie möglich aus der
Klasse. Aber ich bin ihm nach-
gelaufen und habe ihn am Ärmel
festgehalten. Das habe ich noch
nie gemacht. Tim schüttelte mich
ab. Ich zog ihn mit. Vielleicht konnte
ich alles wieder gut machen.

Mir war etwas eingefallen.

TIM

Als mich Samira am Ärmel gepackt hat, wusste ich nicht, was sie von mir wollte. Sie soll meine Jacke loslassen, habe ich mir gedacht. Aber sie hing fest wie eine Klette.

„Lass das, Samira!", sagte ich.

Da musste ich grinsen. Sonst sagen das Erwachsene immer zu mir. „Lass das, Tim."

„Lass das", wiederholte Samira. Ich glaube, sie weiß nicht, was das heißt. Weil sie so hartnäckig war, bin ich ihr zum Ende des Klassenzimmers gefolgt, wo die Malblöcke in einem Schrank aufbewahrt werden.

Wollte sie etwas malen? Mehr Saurierbilder? Danke, kein Bedarf, dachte ich.

Aber sie wollte nicht malen. Sie stellte ihre Schultasche ab und öffnete sie. Du errätst nie, was sie rausgezogen hat.

SAMIRA

Niemandem würde ich dich zeigen, Basima. Keinem, außer Tim. Er hat seinen Saurier, den er drückt.

So drücke ich dich auch immer fest an meine Wange und an meine Brust.

Niemand sonst hat dich jemals gesehen, Basima. Nur er. Es ist dir sicher recht, dass ich dich ihm gezeigt habe.

Aber Tim hat zuerst nicht verstanden.

Er verstand nicht, dass ich ihm etwas verrate, das niemand sonst weiß.

Er schaute zwischen dir und mir hin und her. Schließlich hat er einen Mundwinkel nach oben gezogen.

Sein Mund sah ganz schief aus.

TIM

Rexi, jetzt weiß ich, wieso Samira die Schultasche nie abnehmen wollte! Sie hat eine alte Puppe darin versteckt, die schmutziger ist als du. Die Puppe ist auch zerlumpter. Aber Samira hat sie lieb, das zeigte sie mir. Sie mag sie so sehr, wie ich dich mag.

Samira wackelte mit der Puppe vor meinem Gesicht. Mit verstellter Stimme sagte sie: „Ich heiße Basima."

Ich habe ihr wieder den Saurier vorgespielt. Und dann habe ich so getan, als würde ich dich an mich drücken, und sagte leise: „Rexi."

„Rexi", wiederholte Samira.

Ich legte den Finger an die Lippen und machte: „Pssst!"

Schnell steckte sie die Puppe in die Schultasche zurück. Danach legte sie den Finger auf die Lippen und machte auch: „Pssst!"

Jetzt haben wir ...

SAMIRA

... gemeinsam ein Geheimnis!

PSSSSSSST!

IM TURNSAAL STEHT EIN RÄTSELTOR

Eine
Was-machst-du-nun?
Geschichte

1

Stell dir vor ...

... die Turnstunde ist zu Ende. Du bist allein im Turnsaal. Die anderen sind schon zum Umziehen in die Garderobe gegangen. Du sollst noch drei Bälle in die Kiste hinter dem Fußballtor zurücklegen.

Gerade als du den Deckel der Kiste öffnest, hörst du hinter dir ein Geräusch. Es ist ein heftiges Zischen und erinnert an einen Wal, der aus dem Meer auftaucht und Luft durch das Loch in seinem Kopf ausstößt.

Natürlich kann es kein Wal sein. Mitten im Turnsaal, genau unter den hochgezogenen Ringen, ist plötzlich eine Tür aufgetaucht. Um genau zu sein, es ist ein silbern glänzender Türrahmen mit einer Tür, die goldgelb leuchtet und Funken sprüht.

Langsam öffnet sie sich. Hinter der Tür liegt ein langer Tunnel. Seine gekrümmten Wände schimmern smaragdgrün.

Die Tür ist zehn Schritte von dir entfernt.

Was tust du nun?

Rennst du aus dem Turnsaal
zu deinen Klassenkameradinnen
und Klassenkameraden in die Garderobe?

Dann gehe zu Kapitel 2!

Oder wirfst du einen Ball durch
die offene Tür in den Tunnel?

Dann gehe zu Kapitel 3!

2

Die anderen aus deiner Klasse sollen die Tür auch sehen. Sonst glaubt dir niemand, dass es sie tatsächlich gibt. Du kannst loslaufen und die anderen Kinder aus deiner Klasse holen.

Aber Achtung:
Die Tür beginnt zu blinken und zu flackern. Löst sie sich wieder auf? Ist sie gleich verschwunden?

Losrennen und in den Tunnel stürmen wäre nun eine Möglichkeit. So kannst du vielleicht herausfinden, wohin der Tunnel führt. Allerdings könnte das auch gefährlich sein.

Am besten ist es, zuerst einen Ball durch die offene Tür zu werfen. Du kannst ihn auch kicken. Oder nur rollen. Versuche es.

3

Näher und näher kommt der Ball der Tür.
Er rollt langsamer und langsamer.
Nur einen Schritt vor dem Eingang zum Tunnel bleibt er liegen.

Hm-m-m ...

Was nun?

Was hältst du davon, einmal rund um die Tür zu laufen? Was befindet sich auf der anderen Seite? Führt der Tunnel zum Ende des Turnsaals und in die Wand?
Mache dich auf eine Überraschung gefasst.
Die Rückseite der Tür ist eine Ziegelwand. Keine Spur von dem Tunnel.

Rätselhaft.

Der Ball kommt um die Ecke gerollt und springt vor dir auf und nieder. Es sieht aus, als wollte er dir etwas zeigen. Wie ein aufgeregter kleiner Hund führt er dich zur offenen Tür. Du blickst in den tiefen, grünen Tunnel.

Aus der Ferne tauchen Figuren im Licht auf.
Sie kommen auf dich zu.

Es sind 4 Tiere:

„Welches Tier willst du sein?", fragt eine Stimme.

Wer spricht neben dir? Dort liegt nur der Ball auf dem Boden. Er beginnt wieder zu hüpfen.

Doch der Ball hat fröhliche Augen und ein Maul bekommen. „Triff deine Wahl!", fordert er dich auf. „Rufe den Namen eines Tiers."

Was tust du nun?

Für welches Tier entscheidest du dich?

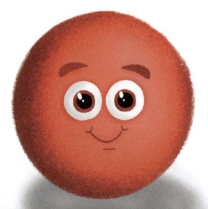

4

„Rufe den Namen eines Tiers!",
drängt der Ball.

Sobald du es getan hast, laufen die vier Tiere in die Tiefe des Tunnels zurück und verschwinden dort.

„Folge ihnen", sagt der Ball. „Nimm Anlauf und springe durch die Tür."

Als du in das strahlende Licht eintauchst, wirst du wie von einer unsichtbaren Schnur weitergezogen.

Immer tiefer und tiefer geht es für dich in den Tunnel.

Du spürst ein Kribbeln in den Armen und Beinen. Es zieht in deinem Gesicht. Dein Körper verformt sich.

Was geschieht mit dir?

Bekommst du Watschelfüße
und kurze Pinguinflügel?

Oder wächst dir ein Fell,
orangegelb mit dunklen Streifen?

Oder hast du auf einmal Hufe
und eine lange Schnauze?

Oder sprießen Federn auf deinen
Armen und wachsen sie
zu langen Schwingen?

Du verwandelst dich in das Tier,
dessen Namen du gerufen hast.
Du nimmst seine Gestalt an.

5

Welches Tier bist du?

Wie groß bist du?

Wie fühlt es sich an, keine Kleidung mehr zu tragen? Wie ist das Gefühl, ein Fell oder ein Gefieder zu haben?

Wie sieht die Welt durch Tieraugen aus? Bist du kleiner? Blickst du nach oben, wie der Pinguin? Oder betrachtest du die Welt aus der Luft, als Adler?

Worauf hast du Hunger? Was würdest du gerne fressen?

Willst du faul auf einem Ast liegen? Oder auf einem Felsen sitzen? Oder auf der Weide herumtrotten?

Stell dir genau vor, wie du dich als Pinguin, Tiger, Pony oder Adler fühlst.

6

Deine Reise durch den Tunnel kommt zu einem Ende. Du landest dort, wo du als Tier zuhause bist.

Aber wer lebt wo?

7

Stell dir genau vor, wo du als Tier normalerweise lebst. Spüre die Temperatur. Wie sieht es rund um dich aus?

TIGER

In deiner Heimat kann es sehr heiß und feucht werden. Du schleichst am liebsten im Schutz von Büschen und hohen Pflanzen im Schatten dahin. Manchmal läufst du auch durch die Gräser der Savanne. Du jagst andere Tiere und frisst Fleisch.

PINGUIN

Du bist auf der südlichen Hälfte der Erdkugel zuhause. Am wohlsten fühlst du dich im Meer. Dein Körper ist zum Schwimmen perfekt geeignet. Wie ein Pfeil kannst du durch das Wasser schießen und Fische jagen. An Land sitzt du gerne auf Felsen. Dort brütest du auch.

PONY

Du stehst manchmal im Stall und manchmal auf der Weide mit anderen Ponys. Das frische Gras und die Blumen schmecken dir gut. Du magst aber auch Heu und Kraftfutter. Es macht dir Freude, wenn du gestriegelt wirst.

ADLER

Du bist in der Luft zuhause.
Der Wind kann kalt sein, aber
das macht dir nichts. Du gleitest
durch die Luft dahin, die Schwingen
weit ausgebreitet. In deinem großen Nest aus
Zweigen und Ästen brütest du deine Adler-
jungen aus. Du kannst mit deinen scharfen
Krallen sogar Fische aus dem Wasser ziehen.
Ratten schmecken dir auch.

Der Ball taucht wieder auf
und hüpft um dich herum.
Er hat einen Auftrag für dich.

Finde die 4 Schlüssel!

Hinter dir gibt es einen Knall. Das muss die Tür gewesen sein, durch die du gekommen bist. Sie ist zugefallen. Vier Schlösser sind darauf zu sehen.

In jedem Schloss steckt ein Schlüssel.

Ein Schloss nach dem anderen wird abgesperrt. Danach sausen die Schlüssel von allein aus den Schlössern und über deinen Kopf davon in die Tiefe des grünen Tunnels.

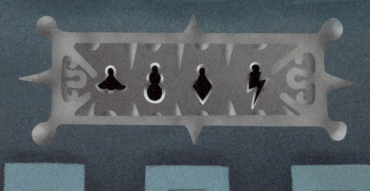

Der Ball hat dir noch mehr zu sagen:

Nur mit den vier Schlüsseln kannst du die Tür wieder öffnen. Wenn du es schaffst, musst du noch ein Rätsel lösen und dann ...

Mehr verrät dir der Ball nicht.

Auf geht's! Die Suche nach den vier Schlüsseln beginnt. Jedes Tier bekommt einen anderen Auftrag.

9

Zum Pinguin sagt der Ball:

Der erste Schlüssel ist in der Tiefe des Wassers zu finden!

Ein Wirbelsturm braust heran. Er packt den Pinguin und trägt in hoch in die Luft. Der Sturm fegt über das Meer und über den Äquator, und trägt den Pinguin bis nach Österreich. Auf einer Weide, umgeben von Hügeln und Bäumen, setzt er ihn ab.

Wenn du dich in einen Pinguin verwandelt hast, dann stell dir das einmal vor:
Du stehst in hohem Gras, das deinen Kopf überragt. Vor dir wackelt eine Glockenblume im Wind. Über dir streckt ein Baum seine Äste aus. Die Blätter spenden Schatten.

Du spürst, wie dich jemand interessiert mustert. Es ist ein geschecktes Pony mit einer weißen Blesse auf der Stirn. Seine Mähne glänzt seidig. Das Pony wiehert. Was hat das Wiehern zu bedeuten? Du bist ein Pinguin und verstehst es nicht.

Wenn du schnatterst, spitzt das Pony die Ohren, schüttelt dann aber den großen Kopf, so dass seine Mähne fliegt. Es versteht dich auch nicht.

Wo kann der Schlüssel versteckt sein? Wo sollst du hier tauchen? Du stehst auf harter Erde, umgeben von Wiesenblumen und Gräsern.

In der Nähe plätschert es.

Am Rande der Weide steht ein Trog. Andere Ponys stehen am Trog und trinken.

Sollst du im Trog tauchen?

Nein. Der Ball hat gesagt, der erste Schlüssel sei in der Tiefe des Wassers zu finden!

Der Trog ist nicht tief.

Das Pony mit der Blesse auf der Stirn steht noch immer vor dir und blickt dich ratlos an.

Wenn ihr doch nur miteinander sprechen könntet! Du musst dem Pony von deinem Auftrag erzählen. Vielleicht weiß es Rat.

10

Auch das Pony hat einen Auftrag vom Ball bekommen.

Erfülle dem Pinguin seinen Wunsch. Er kann den ersten Schlüssel bringen.

Hast du dich in ein Pony verwandelt? Dann stell dir das einmal vor:

Ein schwarz-weißer Vogel watschelt vor dir herum. Da Ponys nicht in den Zoo gehen und keine Bücher lesen, hast du einen solchen Vogel noch nie gesehen.

Du kennst Krähen.
Und Amseln.
Meisen und Rotkehlchen auch.

Der Vogel vor dir aber hat kurze Flügel, mit denen er nicht fliegen kann. Immer wieder öffnet er seinen Schnabel und kreischt. Seine Stimme ist schrill.

Füße, wie der Pinguin sie hat, hast du schon in der Umgebung gesehen. Bei welchen Vögeln aber? Wie heißen sie nur?

Fällt dir der Name ein?

11

Wie geht es dir als Pinguin? Fühlst du dich klein vor dem Pony? Ist dir das Pony unheimlich, weil es so viel größer ist als du?

Das ist auch kein Wunder. Sonst lebst du mit vielen anderen Pinguinen zusammen, die alle aussehen wie du. Sie geben die gleichen Laute von sich. Die Pinguine verstehen dich und du kannst sie verstehen.

Das Pony mustert dich noch immer mit seinen großen, dunklen Augen. Du kannst krächzen und rufen, so viel du willst, es blickt dich nur verständnislos an. Dabei ist deine Frage so einfach:

Wo kann ich hier tief tauchen?

Wie kannst du dem Pony klar machen, was du möchtest?

Moment! Es gibt auf der Weide etwas, das dir helfen kann.

Was tust du nun?
Wohin watschelst du?

12

Watschle zur Tränke. Der Rand ist nicht hoch. Du kannst hinaufspringen.

Hüpfe ins Wasser. Tauche unter. Strecke den Kopf heraus und mache das immer wieder.

Danach watschle durch das Gras bis zum Zaun. Recke den Hals und sieh hinaus. Gib Laute von dir, die sehnsüchtig klingen.

Hoffentlich versteht das Pony, was du suchst.

Die Ponys an der Tränke sind ein paar Schritte zurückgewichen. Du bist ihnen nicht geheuer, wie du da im Wasser plantschst.

Das Pony mit der Blesse auf der Stirn aber beobachtet dich nachdenklich.

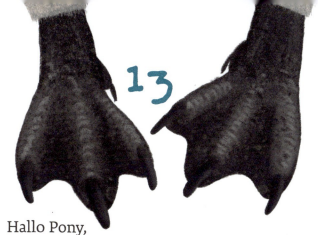

13

Hallo Pony,

ist dir eingefallen, wo du die Watschelfüße schon einmal gesehen hast? Bei den Enten natürlich. Oder beim eleganten Schwan. Oder bei den schnatternden Gänsen.

Du kannst den schwarz-weißen Besucher zu einem Ort bringen, an dem sich diese Vögel gerne vergnügen. Der Platz ist nicht weit entfernt. Wenn du mit Kindern auf dem Rücken ausreitest, kommt ihr manchmal daran vorbei. Du kennst den Weg dorthin.

Vor Freude wieherst du. Du kannst dem schwarz-weißen Vogel ohne Flügel helfen und seinen Wunsch erfüllen, wie es dir der Ball aufgetragen hat.

Weißt du, wo du ihn hinbringen sollst?

14

Das Pony wiehert. Am Zaun öffnet es mit der Nase das Gatter. Wie gut, dass es so groß ist.

Mit der langen Schnauze deutet es zu den Hügeln und macht ein paar Schritte auf das Gatter zu. Gar nicht so einfach, mit deinen Watschelfüßen Schritt zu halten.

Ihr überquert eine Wiese und kommt immer näher an den Wald heran. In der Luft liegt der Geruch von Wasser. Es ist aber nicht der salzige Geruch des Meeres.

Über dir fliegen laut kreischend zwei Vögel. Sie landen auf der Oberfläche eines dunklen Gewässers und schlagen dabei heftig mit den Flügeln. Quakend schwimmen die Vögel auf dem Wasser herum. Sie paddeln dabei mit den Füßen.

15

Es ist ein kleiner See, wo das Pony die Enten, die Schwäne und die Gänse schwimmen gesehen hat.

Die Kinder sind hier manchmal abgestiegen, um eine kleine Pause auf ihrem Ausritt einzulegen. Sie haben darüber geredet, dass er tief sein soll.

Als das Pony und der Pinguin am See ankommen, setzt ein Entenpärchen zur Landung an.

Stell dir vor, als Pony hörst du neben dir ein lautes **PLATSCH.**

Der schwarz-weiße Vogel ist ins Wasser gesprungen und verschwindet zwischen den kleinen Wellen, die der Wind kräuselt.

Dann ist er fort.
Nicht mehr zu sehen.
Er ist in der Tiefe verschwunden.

Du hast einen Vogel noch nie so lange tauchen gesehen.

Wo bleibt der seltsame Vogel?

Ist ihm etwas zugestoßen?

16

Als Pinguin kannst du zwei- oder sogar dreimal so tief tauchen wie der Turm des Wiener Stephansdoms hoch ist. Mehrere hundert Meter tief.

Anders als Menschen brauchst du dafür weder eine Taucherbrille, um etwas zu sehen, noch eine Pressluftflasche zum Atmen.

Zwanzig Minuten lang kannst du unter Wasser bleiben. Das ist fast eine halbe Schulstunde lang.

Du gleitest durch das kühle Wasser des Teiches. Es wird immer dunkler, je tiefer du hinunterkommst. Deine Augen sind aber groß und sehr empfindlich. Du erkennst Fische. Hunger spürst du jedoch keinen. Du willst den Schlüssel finden.

Endlich hast du den Grund des Sees erreicht. Es wiegen Wasserpflanzen in der Strömung. Außerdem siehst du ein altes Ruderboot. Im Rumpf klafft ein Leck. Das Boot ist also gesunken und hat sich dabei gedreht. Kiel nach oben ruht es im Sand.

Du schwimmst viele Male hin und her und im Kreis. Nirgendwo ist ein Schlüssel zu entdecken.

Bist du am falschen Ort?

Wo kann der Schlüssel nur sein? Zwischen den Wasserpflanzen? Oder unter dem Boot? Oder musst du weiterschwimmen?

17

Selbst als Pinguin musst du irgendwann wieder an die Wasseroberfläche und nach Luft schnappen. Die Zeit wird knapp. Du spürst, du musst nach oben.

Wo ist nur der Schlüssel?

Könnte er unter dem versunkenen Boot sein? Das Loch im Rumpf ist groß genug, damit du hindurchschwimmen kannst.

Auf einem spitzen Felsen, der unter dem Boot aus dem Sand ragt, hängt ein großer alter Schlüssel. Schnappe ihn mit dem Schnabel, dann nichts wie hinauf.

Gratulation zum ersten Schlüssel!

18

Der Ball springt herbei und rollt Slalom zwischen den Beinen des Ponys. Er gibt ihm folgenden Hinweis auf das Versteck des nächsten Schlüssels:

Der zweite Schlüssel ist in einem Bett aus Ästen versteckt, das schwer wie eine Kuh sein kann. Der Weg dorthin ist steil und steinig.

So beginnt deine Suche nach dem rätselhaften Bett aus Ästen.

Wenn es schwer ist wie eine Kuh, kann es niemand tragen.

Steht das Bett immer am selben Fleck?

Wer schläft darin?

Wohin sollst du traben?

Hinter dem Wald erheben sich hohe Berge.

Ob der Schlüssel dort versteckt ist?
Der magische Wirbelwind fegt heran. Er bewegt sich über die Weide hinweg und erfasst den Pinguin. Es ist Zeit, dass er in seine Heimat zurückkehrt.

Auf dem Weg dorthin nimmt der Wirbelwind aber noch ein anderes Tier mit.

19

Der Adler dreht gerade majestätisch seine Runden über die Bergspitzen, als der magische Wirbelwind heranrast. Er ist schneller als jede Sturmböe. Bevor der Adler fliehen kann, trägt ihn der Wirbel schon fort.

Auf einer Insel auf der südlichen Halbkugel der Erde werden der Pinguin und der Adler abgesetzt.

Stell dir vor, du bist der Adler. Vorhin warst du noch im Gebirge, wo du einen Adlerhorst gebaut hast. Dort liegen drei Eier, aus denen bald Junge schlüpfen werden.

Nun aber sitzt du auf Felsen, umgeben von hunderten Pinguinen. Sie schlagen mit den kurzen Flügeln und machen viel Lärm.

Kalter Wind fegt über die Insel. Die Kälte ist für dich als Adler nicht schlimm. Du bist sie aus dem Gebirge gewohnt.

Aber die vielen anderen Vögel und ihr Kreischen machen dich unruhig. So ein Getümmel ist dir fremd. Im Gebirge hast du dein Revier, das du gegen Eindringlinge verteidigst, wenn nötig.

Einige Pinguine stehen kerzengerade und bewegen sich nicht vom Fleck. Zwischen ihren Beinen halten sie Eier, die sie ausbrüten.

Bei anderen Pinguinen ist das Küken schon geschlüpft. Es ist klein und flauschig, hat graues Gefieder und wird von den Eltern beschützt. Einige Pinguine kommen mit einem Fisch im Schnabel aus dem Wasser. Sie füttern die brütenden Pinguine.

Der Ball rollt vor dich und spricht zu dir:

Die Pinguine hüten einen Schlüssel.
Du musst ihn von ihnen bekommen.

20

Den Schlüssel hast du schnell entdeckt. Ein Pinguin hält ihn wie ein Ei in der Hautfalte zwischen den Beinen versteckt.

Das Einfachste ist, hinzufliegen, den Schlüssel mit dem Schnabel zu schnappen und dann nichts wie fort von der Insel.

Als du vor dem Pinguin mit dem Schlüssel landest, beginnt er zu kreischen.

Von allen Seiten kommen andere Pinguine gewatschelt. Sie stimmen in das Kreischen ein und ihr Kreis wird immer enger.

Als Adler bist du der König der Lüfte. Auf dem Boden aber fühlst du dich nicht sehr sicher. Weil die Pinguine schon so nahe sind, kannst du nicht mit deinen Schwingen schlagen.

Ein schriller Schrei aus deinem Schnabel lässt die Pinguine ein wenig zurückweichen. Du gewinnst Platz, kannst hochfliegen und dich auf einen Felsen retten.

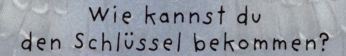

Wie kannst du
den Schlüssel bekommen?

21

Als Adler hast du zwei kräftige Greiffüße mit langen Krallen. Erspähst du deine Beute auf dem Boden, stößt du hinab und packst sie blitzschnell.

Du könntest den Schlüssel auf folgende Weise holen:

Drehe eine Runde über dem Pinguin, der ihn hält, rase in die Tiefe und entreiße ihm den Schlüssel.

Was hältst du von dieser Idee?

22

Machen wir einen großen Sprung nach Asien, wo ein Tiger auf dem Ast eines hohen Baumes liegt. Er döst vor sich hin. Es ist heiß und der Tiger ist satt und zufrieden.

Hast du dich in einen Tiger verwandelt?

Dann bist DU dieser Tiger.

Allerdings wirst du nicht länger so faul sein können. Neben dir in einer Astgabel landet der sprechende Ball.

Ein Schlüssel ist im Tempel der Elefanten versteckt. Hole ihn!

Wenn du weiterschlafen willst, hüpft der Ball so lange auf deinem Kopf herum, bis du vom Baum springst und dich auf den Weg machst.

Der Ball hat wichtige Hinweise:

Der Tempel der Elefanten ist nicht weit entfernt! Eine Herde Elefanten zieht gerade dorthin.

Das ist ein Glücksfall. Du musst den Elefanten einfach nur folgen.

Los geht's!

23

Zurück auf die Insel der Pinguine.
Los! Erhebe dich in die Luft. Spähe von oben herab. Selbst aus großer Höhe kannst du den Pinguin ausmachen, der den Schlüssel hält.

Lass dich fallen.

Rase in die Tiefe.

Erst im letzten Augenblick bremst du deinen Flug, indem du die Schwingen zur Seite ausbreitest. Strecke die Krallenfüße vor und greife nach dem Schlüssel.

Schnappe ihn dir. Er ist heute deine Beute.

Doch in diesem Moment setzt sich der Pinguin wackelnd auf den Schlüssel. Du bekommst ihn nicht zu fassen. Um nicht auf dem Boden aufzuprallen, musst du dich mit kräftigen Flügelschlägen wieder in die Luft erheben.

Du brauchst eine andere List.

Der Hüter des Schlüssels wankt ein wenig. Seine Rufe klingen flehend. Er schlägt müde mit den kurzen Flügeln.

Was ist mit ihm los?

Hat er Hunger?

Oder ist er krank?

Oder will er dich reinlegen?

24

Elefantenweibchen marschieren über das Grasland. Zwischen ihnen laufen kleine Babyelefanten. Sie haben Mühe, Schritt zu halten. Ein Elefantenbulle gehört auch zu der Herde.

Tiger werden von den Elefanten nicht gerne gesehen. Streckst du nur den Kopf zwischen den Blättern vor, kommt sofort der Bulle gelaufen, die Stoßzähne drohend auf dich gerichtet.

Im Schutz des Grases und des Dickichts kannst du den Elefanten unbemerkt folgen. Ihr Ziel ist ein alter Steintempel. Den Eingang bilden Statuen von zwei Elefanten, die ihre Rüssel nach oben strecken und damit ein Tor bilden.

Hohe, kunstvoll verzierte Mauern umgeben den Tempel. In der Mitte des Tempels erhebt sich ein Turm. Knorrige Bäume wachsen aus den Mauern heraus.

Der Zugang ist gerade groß genug für einen Elefanten. Hintereinander betreten sie die Tempelanlage.

Um unauffällig hineinzugelangen, müsstest du auch wie ein Elefant aussehen. So könntest du dich unter die Dickhäuter mischen.

Du brauchst größere Ohren, längere und dickere Beine, einen runderen Körper, einen Rüssel und kleine Stoßzähne und vor allem musst du grau sein.

Es wachsen große Blätter am Rande des Waldes. Aus ihnen kannst du dir vielleicht Elefantenohren basteln.

Wo haben Elefanten grössere Ohren? In Asien oder in Afrika?

25

Elefanten in Asien haben viel kleinere Ohren als Elefanten in Afrika. Zwei Blätter von großen Pflanzen genügen für deine Tarnung.

Im Wald liegen Rinden, die in großen Stücken abgefallen sind. Die Rinden bilden Röhren. Sie können deine Elefantenbeine werden, wenn du sie über die Pfoten stülpst. Auf diese Weise bekommst du längere Beine. Allerdings fällt das Gehen schwer.

Damit dein Brustkorb und dein Bauch dicker aussehen, wickle Lianen herum. Je mehr, desto besser.

Natürlich brauchst du auch einen Rüssel. Du kannst einen gebogenen Ast ins Maul nehmen oder, noch besser, eine Astgabel. Die

Enden der Äste, die links und rechts aus deinem Maul ragen, sehen wie kleine Stoßzähne aus.

Um grau zu werden, wälze dich im Schlamm und lass ihn von der Sonne trocknen.

Die Rindenröhren machen Schleichen unmöglich. Der Schlamm juckt und bröselt ab. Außerdem kannst du mit so vielen Lianen um den Bauch nicht tief einatmen. Der Ast im Maul ist sehr unangenehm.

Das alles aber darf dir nichts ausmachen. Hauptsache, du siehst aus wie ein Elefant. So gelangst du mit ihnen in den Tempel.

Wo aber ist der Schlüssel?

Würdest du ihn in dem Turm suchen?

Oder meinst du, er ist unter einer Steinplatte versteckt?

Oder auf einer Pflanze oder einem Baum?

26

Zurück zur Insel und den Pinguinen.

Ein Stück entfernt befinden sich Klippen, vor denen die Brandung tobt. Von dort springen Pinguine kopfüber mutig ins Meer. In einer Bucht, ein Stückchen weiter, kommen sie wieder aus dem Wasser. Einige tragen einen Fisch im Schnabel.

Um Futter zu finden, müssen sich die Pinguine also mutig von den Klippen stürzen. Doch sie fressen die Fische nicht alle selbst. Manche bringen sie ihren Artgenossen, die brüten oder über ihre Küken wachen.

Ein Pinguin ist ein wenig kleiner als die anderen. Sein Watscheln sieht sehr geschäftig und eilig aus. Er hält den Kopf gesenkt. Schief hängt ein Fisch aus seinem Schnabel.

Dieser Pinguin steuert auf den Pinguin mit dem Schlüssel zu. Fast ist er bei seinem Freund angekommen, da rutscht er aus. Der Fisch fällt ihm aus dem Schnabel. Ein anderer Pinguin ist blitzschnell zur Stelle, schnappt ihn und verschwindet damit.

Der Pinguin mit dem Schlüssel krächzt enttäuscht. Der andere wackelt entschuldigend mit den Flügeln und macht sich auf den Weg zurück zum Meer.

Bringt dich das auf eine Idee?

27

Langsam.

Huf vor Huf.

Schritt für Schritt.

Immer höher geht es für dich als Pony den Waldweg hinauf.

Die Bäume lichten sich und vor dir liegt eine Wiese. Hinter einem Gatter grasen zwei Ponys. Sie heben die Köpfe, als du wieherst. Beide sind erstaunt, was du hier auf dem Berg tust.

Die beiden Ponys hinter dem Zaun haben schon viele Sommer hier verbracht. Ob sie je von einem Bett gehört haben, dass so schwer wie eine Kuh ist?

Leider lautet ihre Antwort NEIN.

Wie schade. Also heißt es weitersuchen.

Halt! Eines der Ponys ruft dich schnaubend zurück. Ihm ist etwas eingefallen. Nur ein Stück weiter auf einem Baum gibt es etwas, das wie ein rundes Bett aussieht. Es ist aus Ästen gebaut und bestimmt sehr schwer. Viele Jahre wurde daran gebaut, so ist es größer und größer geworden.

Was kann das sein?

28

Als Tiger einen Elefanten zu spielen, ist wirklich nicht einfach. Jeder Schritt schmerzt. Dir tut das Maul vom Halten des Stockes weh.

Im Tempel wachsen Mangobäume. Die Elefanten pflücken die reifen Früchte mit dem Rüssel.

Es ist mühsam, durch den Tempel zu staksen und nach dem Schlüssel zu suchen.

Du hast dich so mühevoll als Elefant verklei-
det. Aber es war alles umsonst. Der Schlüssel
ist nicht im Tempel.

Also vorsichtig zum Ausgang des Tempels
schleichen. Obwohl du als Tiger Meister im
Schleichen bist, fällt es dir mit den hohlen
Stämmen an den Pfoten schwer.

In der Sonne blitzt etwas. Das Licht fällt
dir ins Auge und blendet dich. Das Blitzen
kommt von einem Baum, der mit der Mauer
des Tempels verwachsen ist.

Wieder blitzt es. Hoch oben auf einem Ast
hängt ein Schlüssel aus poliertem Messing. Er
strahlt in der Sonne. Der Ast ist so hoch, dass
kein Elefant ihn mit dem Rüssel erreichen
könnte.

Du aber bist ein Tiger und kannst am Stamm hochklettern.

Schüttle die Verkleidung ab. Springe auf die Mauer und von dort ziehe dich mit deinen starken Pfoten und den Krallen bis zum Ast mit dem Schlüssel hinauf. Schlage kräftig danach.

Klimpernd landet der Schlüssel auf den Steinen vor der Tempelmauer. Du musst nur noch hinunterspringen und ihn holen.

Geschafft!
Der zweite Schlüssel
ist gefunden.

29

Du hast das Bett, das schwer ist wie eine Kuh, mittlerweile entdeckt. Die Hinweise der beiden Ponys waren sehr hilfreich. Es handelt sich um einen Adlerhorst. Das Nest der Adler ist so groß wie das Bett eines Kindes und aus vielen Ästen, Zweigen und Blättern gebaut. Es muss sehr schwer sein.

Im Nest sitzt ein Adler und brütet. Zwischen den Eiern liegt bestimmt der Schlüssel. Als Pony kannst du ihn aber nicht bekommen. Wie sollst du zum Nest gelangen? Ein Pony kann weder klettern noch die Sprache der Adler sprechen. Du bist so nahe und kriegst ihn trotzdem nicht.

Dir bleibt nur übrig, sehnsüchtig nach oben zu blicken.

30

Der Pinguin, der den Schlüssel hütet, hat Hunger.

Als Adler kannst du helfen. Im Schäumen der Brandung sind Fische aus der Luft nicht einfach zu erkennen. Vielleicht musst du ein paar Mal hinabstoßen, bis du einen erwischt, weil der Sturm an der Küste das Wasser heftig aufpeitscht.

Schließlich hältst du aber einen in den Krallen. Mit kräftigen Flügelschlägen geht es zurück zu den Pinguinen.

Der Hüter des Schlüssels erschrickt, als du vor ihm landest. Bevor er kreischen kann und ihm die anderen zu Hilfe kommen, lege den Fisch vor ihn hin. Als Geschenk.

Hole am besten gleich noch einen Fisch aus dem Meer. Danach einen dritten und einen vierten.

Der Pinguin mit dem Schlüssel erkennt, dass du ihm etwas Gutes tun willst.

Dafür überlässt er dir den Schlüssel. Als Dank für deine Hilfe.

Wie gut, dass du ein kräftiger Adler bist und selbst im tosenden Meer Fische für ihn fangen konntest.

Zum Abschied kreischen alle Pinguine.
Diesmal klingt es freundlich und begeistert.

Der dritte Schlüssel ist gefunden!

Der Sturmwind fegt heran und trägt dich
zurück in die Berge.

31

Als dich der Sturmwind im Adlerhorst absetzt, glitzert etwas zwischen den Eiern, die ausgebrütet werden. Es ist … *ein Schlüssel*.

Du musstest im Wirbelwind auf die andere Hälfte der Erdkugel reisen, um einen Schlüssel zu beschaffen. Dabei lag einer direkt vor deinem Schnabel.

Unter dem Nest wird gewiehert. Ein Pony steht dort und trippelt unruhig herum. Es wirft schnaubend den Kopf in die Höhe.

Wirf den Schlüssel aus dem Nest zu ihm hinab. Es ist auch auf der Suche.

Der vierte Schlüssel ist damit gefunden!

Was wird als nächstes geschehen?

32

Es geht zurück durch den smaragdgrünen Tunnel. Du musst nicht laufen, deine Füße schweben über dem Boden. So erreichst du die geheimnisvolle Tür. Sie ist noch immer verschlossen.

Der sprechende Ball rollt hinter dir heran. Er zeigt dir vier Schlüssellöcher.

Welcher Schlüssel passt in welches Schlüsselloch?

33

So passen die Schlüssel in die Schlüssellöcher.

Trotzdem aber lässt sich die Tür nicht öffnen.
Der Ball erklärt dir den Grund:

Die Schlüssel verbergen ein
Geheimnis. Es ist im Griff versteckt. Kannst du erkennen, was
das Geheimnis ist?

34

Es sind Buchstaben. Sehr schmale und lange Buchstaben.

Sie ergeben eine wichtige Botschaft für dich, sagt der Ball. Um sie zu lesen, halte die Seite flach unter deine Nase und mach ein Auge zu.

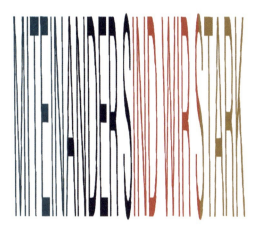

Finde heraus, was die richtige Botschaft ist, und sprich sie laut aus ...

35

MITEINANDER SIND WIR STARK

Dieser Spruch öffnet die Tür.
Der Ball versetzt dir einen kleinen Schubs und befördert dich
zurück in den Turnsaal.
Die anderen Kinder rufen nach
dir. Wo du so lange bleibst.
Die Tür ist verschwunden.

Hast du das alles nur geträumt?

Deine Hände jucken. Wachsen da Federn? Deine Füße wackeln. Hast du auf einmal Schwimmhäute zwischen den Zehen?

Was ist mit deinen Beinen los? Sind das Tigerstreifen auf deiner Haut?

Nein, unmöglich. Du bildest dir das alles nur ein. Du läufst aus dem Turnsaal in die Garderobe, um dich endlich umzuziehen.

Hinter dem Fußballtor öffnet sich die Kiste. Ein Ball guckt heraus. Er hat Augen und kichert. Nachdem er aus der Kiste geplumpst ist, rollt er dir hinterher.

Wartet ein neues Abenteuer auf dich?

Lass dich überraschen.

Anna-Mariya Rakhmankina

kam vor drei Jahren aus der Ukraine nach
Österreich. Sie zeichnet, seit sie einen Stift
in der Hand halten kann. Ihre Liebe für
Farben und Details findet sich auch in den
„Bunten Händen". Anna-Mariya arbeitet als
Illustratorin und Grafikdesignerin in Wien.

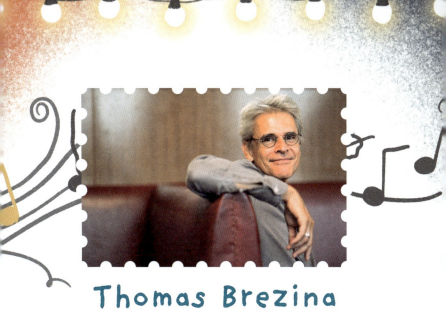

Thomas Brezina

ist seit 1990 ein Geschichtenerzähler der Freude für Kinder und Erwachsene. Seine Bücher werden in vierzig Ländern gelesen und sind in Millionenauflagen erschienen.

„Danke für eine schöne Kindheit",

hört Thomas oft von Leser*innen, die mit seinen Geschichten aufgewachsen sind und sieht dies als die höchste Auszeichnung für sein Schaffen. Sein Motto:

„Lesen soll ein Abenteuer sein!"

EINE GESCHICHTE DER

ERDE

IN REIMEN

Alles fing mit dem Urknall an,
Unglaubliches hat sich seit damals getan

THOMAS BREZINA

Thomas Brezina

Eine Geschichte der Erde in Reimen

Niemand kann so gut Wissen auf unterhaltsame
Weise präsentieren wie Thomas Brezina - und mit
seinen gereimten Versionen davon übertrifft er
sich selbst. „Eine Geschichte der Erde in Reimen"
liefert nicht nur Kindern jeden Alters „Aha-Ef-
fekte" und bleibendes Wissen, sondern frischt
nebenbei die Schuldbildung von Eltern auf ver-
gnügliche Weise auf.

416 Seiten, 26 €

ISBN: 978-3-99001-609-1